Schlaue Füchse machen mehr aus ihrem Geld

Mit Anlagefonds und Aktien Vermögen optimal aufbauen und anlegen

Hinweis des Verlags

Die verschiedenen Angebote im Bereich Anlagefonds werden hauptsächlich am Beispiel der Produktepalette der Zürcher Kantonalbank gezeigt. Selbstverständlich verfügen auch andere Banken, Fonds- und Versicherungsgesellschaften über gleich gelagerte Produkte. Die genannten Beispiele sind denn auch nicht als Anlageempfehlung zu verstehen, sondern dienen hauptsächlich zur Illustration und Information. Für die erwähnten Wertpapiere, Anlagefonds und Anlagetipps übernehmen weder der Verlag noch der Autor eine Haftung.

Angaben Stand Juni 1999, aktualisiert im Juli 2000

Wenn in dieser Broschüre nur die männliche Personenbezeichnung verwendet wird (Anleger, Berater etc.), sind selbstverständlich Frauen und Männer gemeint.

Diese Geldbroschüre wurde im Herbst 1999 im Ratgeber Schweizer Radio DRS vorgestellt.

© 1999 Jean Frey AG
3., aktualisierte Auflage 2000
Alle Rechte vorbehalten

Herausgeber: Der Schweizerische Beobachter, Zürich
Lektorat: Käthi Zeugin, Zürich
Umschlag und Gestaltung: Bruno Bolliger, Zürich

ISBN 3 85569 212 2

Zum Geldberater

Giuseppe Botti, 1943, dipl. Bankbeamter, arbeitet seit 1992 als Geldexperte beim Beobachter und stellt seine 30-jährige Erfahrung in leitender Stellung bei verschiedenen Banken in die Dienste der Leserinnen und Leser. Als neutraler Geldexperte ist er keiner Bank, Versicherung oder anderen Organisation verpflichtet und völlig unabhängig.

Seine verschiedenen Broschüren zum Thema Geld – beispielsweise «Richtig Geld anlegen», «Erfolgreiche Vorsorge- und Vermögensplanung», «Tu was für Dein Geld – Spekuliere!» – wie auch seine Kolumnen und Artikel im Beobachter bieten eine Fülle von praxisnahen Anlagebeispielen mit Betonung auf Sicherheit und guter Rendite bei tragbarem Risiko.

Bekannt ist Giuseppe Botti zudem von seinen Fernsehsendungen «SF DRS 1 TAFgeld» (mit Live-Börsenfenster und Musterfondsvergleich) und «SF DRS 2 Marktplatz» (Sonntagabend, jeweils um 20.50 Uhr), aus vielen Radiosendungen und durch seine intensive Vortragstätigkeit. Auch in der von Bundesrat Kaspar Villiger anfangs 1999 gegründeten Expertenkommission «Finanzmarktaufsicht» ist Giuseppe Botti tätig und arbeitet aktiv mit an der Zukunft des Finanzplatzes Schweiz.

Dank

Diese neue Geldbroschüre konnte nur dank vielen guten Ratschlägen und neuesten Informationen aus Bank-, Versicherungs- und Finanzkreisen, insbesondere der Fondsspezialisten der Zürcher Kantonalbank, realisiert werden. Meiner Lebenspartnerin Agnès Spuhler und der Lektorin Käthi Zeugin danke ich besonders herzlich für die kritische Begutachtung und Begleitung während der Entwicklungsphase. Beide haben wesentlich dazu beigetragen, dass die Broschüre kein Fachchinesisch enthält und für alle Anlegerinnen und Anleger verständlich ist.

Giuseppe Botti

Inhalt

Vorwort: Was bietet diese Broschüre?

Ziellos sparen und Geld ausgeben ist keine Kunst und führt zu keinem Ergebnis. Schon kleine geplante Schritte beim Vermögensaufbau eröffnen interessantere Perspektiven. So freut sich der konservative Sparer über seine gut rentierenden Obligationenfonds, die Pensionierte über ihre steuerbevorzugten fondsverwalteten Einmaleinlagen, die Lehrtochter über ihren Aktienfondssparplan, der Vermögende über seinen optimalen Anlagemix und der Spekulant über seine vorausschauende Aktien- und Optionsstrategie.

Die Finanzwelt ist weltweit im Umbruch. Renditevergleiche von Aktienfonds auf mehr als fünf Jahre zurück sind historische Leichen. Gefragt sind Aktualität mit Langzeitwert, Anlagestrategien mit grosser Flexibilität. Persil war während Jahrzehnten die richtige Lösung, Kassaobligationen und Sparhefte ebenfalls. Sie haben nicht überlebt oder darben bloss noch dahin. Geben Sie Ihrem Vermögen mehr Überlebenschancen. Orientieren Sie sich über die neuesten Anlagemöglichkeiten von heute, wählen Sie aus der Vielfalt von Branchen, Portfoliofonds, Anlagesparplänen, Aktien und steuerlich bevorzugten Geldanlagen die optimale Lösung. Ihre Berater verkaufen Ihnen Aktienprodukte mit der Begründung: Wer fünf Jahre oder länger spart, liegt mit Aktien immer richtig! Vielleicht, vielleicht aber auch nicht. Internet und die Biochemie erobern die Welt, wenn Sie nur in Finanzwerte investieren, liegen Sie wahrscheinlich falsch. Fusionen auf der ganzen Welt führen zu völlig neuen Unternehmensgrössen; damit wächst auch die Gefahr von neuen finanziellen Krisenherden mit ungeahnten Risiken. Davon betroffen werden auch viele heute noch attraktive Branchen oder Länder sein. Die Zukunft in diesem Ausmass vorauszusehen ist unmöglich, abwarten bringt noch weniger.

Höhere Renditen bedeuten unweigerlich auch höhere Risiken! Daran können alle Statistiken nichts ändern. Wie viel Risiko einzugehen Sie bereit sind, ist Ihr ganz persönlicher Entscheid. Diese Broschüre soll Ihnen die Auswahl aus der Vielfalt der Möglichkeiten erleichtern. Keine wissenschaftlichen Begründungen oder komplexe finanzielle Theorien bilden dafür die Basis, sondern einfache Ratschläge, basierend auf meiner langjährigen Beratungs- und Erfahrungspraxis. Mit Schlauheit und Kenntnis Geld anlegen, das ist der erste Schritt zu einer guten Rendite, zum kontinuierlichen Vermögensaufbau und zur erfolgreichen Vermögensvermehrung.

Genauso hat sich der schlaue Fuchs während Jahrhunderten seinen Lebensraum erhalten und sich der neuen Umwelt immer wieder angepasst. Flexibel in jeder Beziehung, vorsichtig, wenn der Jäger in der Nähe lauert, entscheidungsfreudig, wenn es um eine fette Gans geht, strategisch in der Wahl seiner Höhle – in jeder Lebenslage hat der schlaue Fuchs die Nase vorne. Für Sie und mich hoffe ich, dass auch ich mit meinen Ratschlägen und Anlagetipps heute und in der Zukunft die Nase vorne habe.

Giuseppe Botti

Die richtigen Vermögensanlagen

Für viele Sparerinnen und Sparer wird es trotz der Fülle der Anlagemöglichkeiten immer schwieriger sich zurechtzufinden. Manche lassen sich von Schlagzeilen, die hohe Renditen an den weltweiten Aktienmärkten versprechen, verleiten, plündern ihre Sparhefte oft unüberlegt und legen ihr Erspartes ohne nähere Prüfung und ohne Anlagekonzept in Aktien oder Aktienfonds an. Andere wieder unternehmen, weil sie zu keinem Entscheid kommen können, gar nichts und lassen ihr Geld wie bisher auf dem Sparkonto – trotz der tiefen Zinsen.

Ganz klar, das Sparheft hat in der globalisierten Finanzwelt definitiv ausgedient. Wo aber kann man sein Geld sinnvoller anlegen? Obligationen – die wegen ihrer Sicherheit in der Vergangenheit häufig gewählt wurden – rentieren kaum besser als Sparkonten. Sollte man besser mit einem Konto oder einer Police der gebundenen Vorsorge (Säule 3a) steuerbegünstigt sparen? Oder wäre eine Lebensversicherung sinnvoller? Darf man sich in Aktien wagen oder gar versuchen, mit Optionen den Supergewinn einzufahren? Oder wäre Immobilienbesitz die krisensicherste Variante?

Eine mögliche Anlagealternative bieten Anlagefonds. Diese bei Schweizer Anlegern noch weitgehend unbekannte Möglichkeit des Vermögensaufbaus ist bereits mit kleineren Sparbeträgen interessant und lässt sich ganz an das persönliche Sicherheitsbedürfnis anpassen. Den Anlagefonds ist deshalb der grössere Teil dieser Geldbroschüre gewidmet. Versiertere und risikofreudigere Anleger finden zudem Informationen zum Vermögensaufbau mit Aktien samt einigen Langzeitempfehlungen, basierend auf der Kursentwicklung der Titel seit 1998. Weitere Informationen beispielsweise zu Geldanlagen nach oder vor der Pensionierung, zu Vorsorgeprodukten der Säulen 3a und 3b, zu steuergünstigen Versicherungsprodukten sowie zu verschiedenen Anlagealternativen wie Optionsanleihen, hoch spekulative Optionen etc. finden Sie in den Beobachter-Geldbroschüren «Richtig Geld anlegen», «Erfolgreiche Vorsorge- und Vermögensplanung» und «Tu was für Dein Geld – spekuliere!».

Vermögensaufbau mit Anlagefonds

Der vorsichtige Fuchs klärt ab, wo die Risiken liegen, wenn er über sein angestammtes Revier hinaus auf die Jagd geht. Auch der vorsichtige Anleger klärt zuerst einmal die Gefahren ab, wenn er neben dem Sparkonto andere Geldanlagen in Erwägung zieht.

Banken, Versicherungs- und Finanzgesellschaften bieten den Anlegerinnen und Anlegern vermehrt Anlagefonds an. Vieles spricht denn auch für diese Anlageform: Die Verwaltung des Wertschriftenvermögens wird einem weitgehend abgenommen, die Gebühren liegen tief und dank der Aufteilung des Fondsvermögens ist das Risiko breit gestreut. Da die meisten Banken und Versicherungen an den Fondsgesellschaften selber beteiligt sind, ist zudem die Einhaltung des Anlagefondsgesetzes garantiert.

Bei über 2000 in der Schweiz erhältlichen Anlagefonds ist die richtige Wahl jedoch nicht einfach. Bevor Sie also Ihr Erspartes in irgendeinen Anlagefonds investieren, sollten Sie die wichtigsten Mechanismen kennen und sich über die verschiedenen Angebote informieren. Nur so können Sie den Fonds wählen, der Ihren Vermögenszielen am besten entspricht.

 Anlagefonds sind der beste Weg, sich ein Wertschriftenvermögen aufzubauen und dieses effizient zu vermehren. *Tipp*

So funktioniert ein Anlagefonds

Ein Anlagefonds ist ein «Sammeltopf» aus vielen kleinen Anlagevermögen von Sparerinnen und Sparern. Das Fondsvermögen wird von den Fondsgesellschaften im Interesse der Anleger und gemäss dem Fondszweck verwaltet und angelegt. Je nach Anlageart werden verschiedene Fonds unterschieden:

- **Geldmarktfonds** beschränken sich auf kurzfristige Geldmarktanlagen.

- **Obligationenfonds:** Hier wird das Fondsvermögen in erstklassige Obligationen und andere festverzinsliche Anlagen

---

9

investiert. Obligationenfonds werden unterschieden nach Währungen und Laufzeiten.

- **Aktienfonds** investieren den grössten Teil des Fondsvermögens in Aktien erstklassiger Gesellschaften. Die Aktienfonds werden aufgeteilt nach Ländern, Branchen oder Regionen.

- **Anlagezielfonds,** Anlagestrategiefonds oder Portfoliofonds – drei Begriffe für die gleiche Anlage: Das Vermögen dieser Fonds wird nach verschiedenen Kriterien aufgeteilt auf Geldmarktanlagen, Obligationen und Aktien. Je nach Zusammensetzung ist die Rendite, aber auch das Risiko unterschiedlich hoch.

- **Immobilienfonds** legen das Fondsvermögen in erstklassige Liegenschaften an. Es werden sowohl bestehende Liegenschaften erworben als auch Bauland gekauft und überbaut.

Bei den Anlagefonds können Sie zudem wählen zwischen Fonds mit Ausschüttung, bei denen die Erträge jährlich ausbezahlt werden, und so genannten Thesaurierungsfonds (Tranche B), welche keine Auszahlungen leisten, sondern alle Erträge sofort wieder im Fonds investieren. Die zweite Fondsart nimmt dem Anleger die Arbeit ab, die Erträge selber zu investieren, was bei kleinen Beträgen auch gar nicht sinnvoll und nicht möglich wäre.

Wie sicher sind Anlagefonds?

Anlagefonds unterstehen in der Schweiz dem strengen Anlagefondsgesetz (AFG). Die oft gestellte Frage nach der Sicherheit eines Fonds ist zwar berechtigt, richtet sich aber nicht danach, ob der Fonds in Konkurs geraten kann. Die Sicherheit des ausgewählten Anlagefonds hängt immer von der Zusammensetzung des Fondsvermögens ab. Handelt es sich um einen Obligationenfonds, liegt das Risiko sicher um einiges tiefer als bei einem Aktienfonds. Bei den Anlagestrategiefonds kommt es vor allem auf den Aktienanteil an. Je höher der Fremdwährungs- oder Aktienanteil, desto höher das Risiko – desto grösser aber auch die Chance für einen Kursgewinn oder eine hohe Rendite. Auch der Zeitfaktor spielt eine Rolle, vor allem bei Aktienfonds und Aktien: Je längerfristig Sie anlegen können, desto tiefer Ihr Kursrisiko. Je höher der Aktienanteil des gewählten Fonds, desto länger sollte also die Anlagedauer betragen.

Wie kaufe ich Anlagefonds?

Der Kauf von Anlagefonds funktioniert nach einem einfachen Prinzip: Sie zahlen Ihr Geld bei einer Bank – meist Ihrer Hausbank – ein oder lassen den Kauf direkt Ihrem Konto belasten, und die Bank legt das Geld in dem von Ihnen gewünschten Anlagefonds an. Das kann ein Fonds der Hausbank selbst oder einer anderen Bank oder Fondsgesellschaft im In- und Ausland sein. Darauf erhalten Sie eine Abrechnung mit der Bestätigung, dass die gewünschten Fondsanteile für Sie gekauft und Ihrem Wertschriftendepot beigefügt worden sind (siehe Beispiel Seite 16).

Bei der Fondsgesellschaft kann es sich um eine juristisch selbständige Gesellschaft oder um eine der Bank nahe stehende Gesellschaft handeln, die von der eidgenössischen Bankenkommission (EBK) eine Fondsbewilligung erhalten hat. Verwaltet wird das Fondsvermögen von der Fondsleitung; das ist eine unabhängige Gesellschaft oder eine spezialisierte Tochtergesellschaft der herausgebenden Bank. Aus Sicherheitsgründen werden die Wertschriften bei einer Depotbank aufbewahrt. Diese Depotbank ist gemeinsam mit der Fondsleitung Vertragspartnerin des Anlegers. Sie bewahrt das ganz Fondsvermögen auf und muss nicht vertragskonforme Anlagen verhindern. Depotbank und Fondsleitung sind rechtlich und personell getrennte und voneinander unabhängige Einheiten.

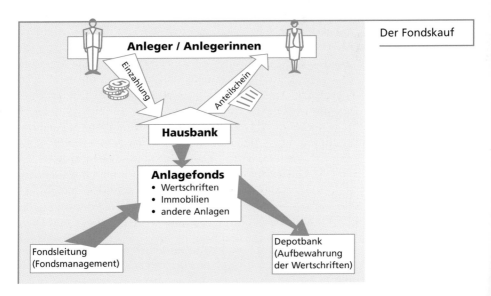

Der Fondskauf

Eine nicht zu unterschätzende Sicherheitsgarantie für Fondsanleger besteht darin, dass in der Schweiz das Bundesgesetz über die Anlagefonds sowie die eidgenössische Bankenkommission die Beziehungen zwischen Anlegern, Fondsleitung und Depotbank regeln.

Welchen Kurs erhalte ich?

Nur ganz wenige Fonds werden direkt an der Schweizer Börse gehandelt und auf den Wirtschaftsseiten der Zeitungen mit ihren Kursen aufgeführt. Die meisten Fondsanteile werden via telefonischen oder schriftlichen Auftrag an die Bank direkt der Fondsgesellschaft abgekauft oder zurückverkauft. Die Kurse dafür werden unter den Namen der Bank, Post oder der Versicherungsgesellschaft mit der jeweiligen Fondsbezeichnung publiziert.

Forward Pricing Verwirrung stiftet dabei bisweilen das Prinzip des «Forward Pricing». Dieser international angewandte Berechnungsstandard für die tägliche Bewertung von Anlagefonds erfolgt auf der Basis der Tagesschlusskurse des jeweils nächsten Tages. In den Zeitungen publiziert sind aber die Kurse vom Vortag. Zum Zeitpunkt der Auftragserteilung ist der genaue Kurs des Fonds also noch nicht bekannt und je nach Börsenentwicklung und Fonds sind starke Abweichungen gegenüber den Zeitungskursen möglich.

So funktioniert Forward Pricing		1. Tag	2. Tag	3. Tag	4. Tag
Zeichnungsauftrag vor 15.00 oder 15.30 Uhr		X			
Abrechnungstag			X		
Publizierte Fondskurse auf Telekurs (ab späterem Morgen)		CHF 520.–	CHF 530.–		
Benutzter Abrechnungskurs (Netto-Inventarwert)			CHF 530.–		
Veröffentlichung des benutzten Abrechnungskurses in der NZZ				X	
Valuta (Belastungsdatum)					X

Massgebend für die Kursgestaltung ist auch der Zeitpunkt der Auftragserteilung. In der Regel rechnen die Banken Aufträge bis 15.00 oder 15.30 Uhr am nächsten Tag ab, und zwar zum so genannten

Inventarwert (Fondsvermögen dividiert durch Anzahl Anteile) des nächsten Tages. Nach 15.30 Uhr müssen Sie davon ausgehen, dass Ihnen der Inventarkurs von übermorgen abgerechnet wird. Als eine von wenigen Banken rechnet die Zürcher Kantonalbank bei Aufträgen, die bis 15.00 Uhr erteilt werden, die ge- und verkauften Fondsanteile zum tagesaktuellen Kurs ab.

Bei einem Verkauf wird der Betrag für schweizerische Fonds in der Regel innert drei Werktagen, für luxemburgische Fonds innert zwei Werktagen gutgeschrieben.

 Notieren Sie den genauen Zeitpunkt der Auftragserteilung. *Tipp*
Bleibt Ihr Auftrag aus irgendwelchen Gründen beim Kunden-
berater liegen und erhalten Sie dadurch einen ungünstigen
Börsenkurs, haben Sie gute Karten für eine wirkungsvolle
Reklamation.

Wie werden Anlagefonds besteuert?

Für die Besteuerung von Anlagefonds gelangen unter-schiedliche kantonale Bestimmungen zur Anwendung. Ihr Bankbe-rater ist mit den kantonalen Steuerbestimmungen vertraut. Beson-ders bei SICAV-Fonds (Anlagefonds luxemburgischen Rechts mit der Rechtsform der Société d'investissement à capital variable) lohnt es sich, ihn vor dem Verkauf der Anteile um Rat zu fragen. Denn dabei kann es für die Einkommensbesteuerung eine Rolle spielen, ob die Anteile via Börse verkauft oder direkt dem Fonds zurückgegeben werden.

Unterschieden wird auch zwischen Ausschüttungsfonds (Pro-spektbezeichnung «A»), die jährlich den grössten Anteil des Gewinns auszahlen, und Thesaurierungsfonds (Prospektbezeich-nung «B»), die den erzielten Ertrag überhaupt nicht ausschütten, sondern reinvestieren. Steuerlich werden jedoch beide Fondsar-ten gleich behandelt; der Ertrag ist steuerbares Einkommen.

Die Besteuerung des Fondsvermögens hängt auch vom Anteil an Obligationen und Geldmarktanlagen beziehungsweise Aktien ab. Denn der Ertrag aus festverzinslichen Werten wie Obligationen unterliegt der Einkommensbesteuerung. Bei Aktienfonds liegt das Schwergewicht auf den steuerfreien Kursgewinnen; der Anteil der Dividenden, die ebenfalls der Einkommensbesteuerung unter-liegen, ist dagegen klein.

Nicht einfach wird für den Fondsanleger das Ausfüllen der Steuer-unterlagen und des Wertschriftenverzeichnisses mit der Rückforde-rung der 35-prozentigen Verrechnungssteuer, die auf dem effektiv ausgeschütteten Ertrag erhoben wird. Es lohnt sich, der Bank einen ständigen Auftrag zu erteilen, damit sie jährlich ein Wertschriften-verzeichnis per Ende Jahr mit Steuerkursen erstellt. Die Erträge und das Vermögen können daraus einfach in die richtigen Kolonnen der Steuerformulare übertragen werden. Die im jährlichen Depot-auszug per Ende Jahr aufgeführten Bewertungen können für die Steuererklärung nicht verwendet werden, da diese Kurse mit den Steuerkursen per Ende Jahr nicht übereinstimmen.

Geheimnisvolle Gebührenberechnung

Ausgabepreis, Ausgabekommission, Emissionspreis, Rück-nahmepreis, Vermittlungskommission, Emissionskommission, Rück-nahmekommission, Verwaltungskosten, Transaktionskosten und All-in-Fee – diese Begriffe sollten Ihnen geläufig sein, wenn Sie Fondsanteile kaufen oder verkaufen.

Begriffserklärungen

• **Ausgabepreis:** Zu diesem Preis/Kurs kauft der Anleger seine Fondsanteile. Der Ausgabepreis wird von der Fondsleitung auf-grund des Inventarwerts (Wert des Fondsvermögens inkl. auf-laufende Zinsen etc.) festgelegt.

• **Ausgabekommission:** Diese Gebühr wird dem Anleger beim Kauf von Anteilscheinen durch den Fonds verrechnet.

• **Emissionspreis:** Dabei handelt es sich um den Anteilscheinpreis anlässlich der Erstausgabe bei einem neuen Fonds. Zusätzlich kann eine Emissionskommission erhoben werden.

• **Rücknahmepreis:** Diesen Wert erhält der Anleger bei der Rück-gabe der Fondsanteile an die Fondsgesellschaft. Je nach Fonds und Gesellschaft kann zusätzlich eine Rücknahmekommission verlangt werden.

• **Vermittlungskommission:** Von der Ausgabekommission erhal-ten die Vermittler ihre unterschiedlich hohe Vermittlungskom-mission.

• **Verwaltungskommission:** Damit werden die Löhne der Fonds-verwalter, auswärtige Depotgebühren, Handlingkosten etc. bezahlt. Die Kommission wird in Prozenten des Fondsvermögens erhoben und diesem direkt belastet, was unmittelbar die Fonds-rendite (Performance) beeinflusst.

- **Transaktionskosten:** Bei einigen Fonds werden neben den Verwaltungskosten noch zusätzliche Transaktionskosten und weitere Gebühren erhoben (Kosten für den Druck der Jahresberichte, für Revision etc.). Diese Kosten, die nicht auf einen Blick ersichtlich sind, werden direkt dem Fondsvermögen belastet.

- **All-in-Fee:** Diese Gebühr deckt sämtliche im Zusammenhang mit der Verwaltung des Fonds und des Fondsvermögens entstehenden Kosten. Diese Berechnungsart ist transparenter, da die gesamten Aufwendungen der Fondsverwaltung bekannt sind.

Die verschiedenen Gebühren werden den Anlegern auf unterschiedliche Weise abgeknöpft. Bei bankeigenen Anlagefonds wird normalerweise eine Ausgabegebühr von 0,3 bis 2 % belastet. In den Fondsbroschüren werden diese Gebühren aufgeführt, in der Praxis aber teilweise nicht in der vollen Höhe angewendet. Einige Banken verstecken ihre Kommission auch zwischen unterschiedlichen Ausgabe- und Rücknahmekursen. Als Fondseinsteiger wird Ihnen zudem ein neues Wertschriftendepot eröffnet und es fallen je nach Bank unterschiedlich hohe Depotgebühren an.

Meist teurer wird der Kauf von Anlagefonds, wenn nicht ein bankeigener Fonds gekauft wird, sondern Fonds von anderen Anbietern. Einzelne Fonds verlangen bis 5 % Ausgabekommission, aus denen die Allfinanzvermittler bezahlt werden.

Zusätzlich werden beim Verkauf Rücknahmegebühren belastet, allerdings unter dem Druck der Konkurrenz immer seltener. Und schliesslich schlucken die direkt dem Fondsvermögen belasteten Verwaltungskosten rasch einmal 1 bis 2 % Rendite.

Ein oft verwendeter Begriff in der Vermögensverwalter- und Allfinanzbranche ist Fondspicking. Damit soll Ihnen schmackhaft gemacht werden, die Vermögensverwalter und Allfinanzberater wählten für Sie mit grossem Aufwand die besten Fonds aus. Dafür und natürlich auch gleich für die dazu empfohlene Vermögensverwaltung werden dann bis 5 % Kommission pro Jahr verlangt – oft zusätzlich zu den übrigen Fondskommissionen.

Fondspicking

 Die Bank pickt die besten Fonds gratis heraus, und eine Vermögensverwaltung erübrigt sich in der Regel, weil dies die Fondsmanager der Portfoliofonds (Anlagestrategie- oder Anlagezielfonds) selber übernehmen!

Tipps

Bestehen Sie beim Fondskauf auf Kostentransparenz. Nur so können Sie ermitteln, ob der empfohlene Fonds tatsächlich so gut rentiert, wie versprochen.

Abrechnungsbeispiel der ZKB für den hauseigenen Fonds «Ausgewogen»

◄ **Zürcher Kantonalbank**

Filiale Stäfa
Bahnhofstr. 12, 8712 Stäfa
Tel. 01/928 35 35, Fax 01/928 35 09

Effektenhändlernr. 802200

Datum:	16. April 1999
Depot:	

Herrn
Felix Muster
Gartenweg 100
8000 Zürich

Abschluss vom:	16. April 1999
Börsenplatz:	ausserbörslich
Auftragsnummer:	BA00-0123-0456-7890
Konto-Nummer:	1100-1234.567
Buchungstag:	16. April 1999

Effektenabrechnung

Ihr ausserbörslicher Kauf

Valor 000 237 927   Ant. ZKB Fonds Ausgewogen, O.N.
Depotstelle   ZKB Zürich

Stk.	34 zu	CHF	1,474	CHF 50'116.00
CH-Kommission		CHF	150.35	
Eidgenössische Abgaben		CHF	37.60	CHF 187.95
Netto zu Ihren Lasten		Valuta 20.4.99		CHF 50'303.95

Diesen Kauf tätigen wir als Kommissionär.

Mit freundlichen Grüssen
ZÜRCHER KANTONALBANK

Die direkten Kommissionen in diesem Beispiel betragen rund 0,3%. Dazu kommt eine Differenz von Fr. 5.– zwischen dem Kaufkurs von Fr. 1474.– und dem Verkaufskurs von Fr. 1469.–. Beim Verkauf wird eine maximale Kommission von 0,3% fällig. Dem Fondsvermögen werden zusätzlich direkt 1,4% All-in-Fee belastet.

Wer vermittelt Fonds?

Im Anlagefondsgeschäft mischen viele mit – vom Treuhänder, der gelegentlich in Finanzangelegenheiten berät, bis hin zur Allfinanzgesellschaft, die unterschiedlichste Fonds aus der Schweiz und aus dem Ausland sowie Finanzprodukte der Versicherungsgesellschaften vertreibt. Keine schlechte Anlaufstelle ist in der Regel Ihre Hausbank. Wenn Sie Ihre Fonds stattdessen über einen Haustürvermittler beziehen wollen, sollten Sie sich einige Gedanken zu dessen Beratungsqualität machen.

Eine gewisse Sicherheit gibt Ihnen das schweizerische Anlagefondsgesetz (AFG). Danach benötigen eine Bewilligung der eidgenössischen Bankenkommission (EBK) in Bern:

- **Fondsleitungen:** oft juristisch selbständige Tochtergesellschaften einer Bank oder unabhängige Finanzgruppen, welche einen Anlagefonds verwalten

- **Fondsvertreter:** Berater, Beratungsgesellschaften etc., welche verschiedene Fonds selber oder via Vertriebsträger vertreiben

- **Fondsvertriebsträger:** offizielle Vermittler bestimmter Anlagefonds, die von der Fondsgesellschaft entschädigt werden

Versicherungsgesellschaften als Vertriebsträger brauchen keine solchen Bewilligungen. Eine Liste der von der EBK bewilligten Fondsleitungen, Fondsvertreter und Fondsvertriebsträger finden Sie im Anhang (Seite 78).

Keine Bewilligung der EBK benötigen Beratungs- und Allfinanzgesellschaften, welche Anlagefonds nur empfehlen, aber weder als Fondsleitung noch als Vertreter oder Vertriebsträger in Erscheinung treten. Neben gut qualifizierten Finanzberatern tummeln sich in diesem Bereich allerdings auch einige schwarze Schafe. Empfiehlt Ihnen beispielsweise ein selbst ernannter «Anlagefondsberater», Aktienfonds zu kaufen, und weist Sie dann einem offiziellen Fondsvermittler zu, so wird dieser den Kauf über seine Fondsgesellschaft abwickeln. Dabei wird er nicht prüfen, ob die Zusammensetzung des Fonds oder der zu investierende Betrag Ihren Bedürfnissen und Möglichkeiten entspricht. Der offizielle Fondsvermittler wird von der Fondsgesellschaft entschädigt; seine Kosten sind also im Preis der gekauften Anteile enthalten.

Unseriöse Abzockerei ist es, wenn der «Anlagefondsberater» von Ihnen noch zusätzlich eine Kommission kassiert.

Stark im Zunehmen begriffen ist die Zahl der Allfinanzgesellschaften. Dabei kann es sich um kleinere Unternehmen handeln oder auch um grosse Organisationen. Unterschiedlich ist vor allem der Ausbildungsstand der Mitarbeiter und Mitarbeiterinnen. Es kommt immer wieder vor, dass beispielsweise Arbeitslose oder nicht aus der Finanzbranche stammende Berufsaussteiger innerhalb von Tagen oder Wochen zu «Finanzberatern» ausgebildet werden, die natürlich keineswegs dem Standard von Bank- oder Versicherungsberatern zu genügen vermögen.

Allfinanzgesellschaften vermitteln häufig auch amerikanische oder deutsche Fonds oder Fonds einer bestimmten Bank. Dazu muss meist bei der Bank oder bei der Fondsgesellschaft in der Schweiz oder im Ausland zusätzlich ein Konto und Depot eröffnet werden, was teilweise durch nicht leicht verständliche Formulare und Bestimmungen erschwert wird. Die am häufigsten genannten Fonds von Allfinanzvermittlern sind die Anlagefonds der Bank Sarasin und der grossen amerikanischen Fondsgesellschaften Fidelity, Fleming und Pioneer. Daneben gibt es auch Allfinanzgesellschaften, die nur fondsverwaltete Versicherungsprodukte wie Einmaleinlageversicherungen vermitteln. Dafür brauchen sie keine Bewilligung.

Tipps Die von der EBK bewilligten Gesellschaften bieten zwar keine absolute Gewähr für eine Top-Beratung oder eine hohe Rendite der Fonds. Immerhin müssen sie aber, damit ihnen die Bewilligung erteilt wird, gewisse Bedingungen erfüllen.

 Finden Sie den Namen eines Vermittler nicht auf der Liste der EBK (siehe Anhang, Seite 78), ist Vorsicht am Platz. Zahlen Sie nie Geld direkt auf das Konto eines Vermittlers ein. Dann ist etwas faul an der Geschichte!

 Alle Anlagefonds sind auch direkt bei Ihrer Hausbank erhältlich!

Fragen an den Anlageberater
Damit Sie möglichst den für die langfristige Fondsbeziehung richtigen Fonds auswählen, sollten Sie Ihrem Berater folgen-

de «heissen» Fragen stellen und sich auf keinen Fall mit ausweichenden Antworten abwimmeln lassen:

1. Mit welchem Vergleichsindex misst sich der Fonds? Ein Schweizer Aktienfonds beispielsweise muss sich mit dem SPI (Swiss Performance Index, umfasst praktisch alle an der Schweizer Börse gehandelten Gesellschaften) oder dem SMI (Swiss Market Index, 22 Aktientitel) messen. Ein Index ist nichts anderes als eine Messlatte. Haben die Fondsmanager in den letzten Jahren gut gearbeitet, liegt die Rendite oder die Entwicklung über dem Vergleichsindex oder mindestens nicht allzu viel darunter.

Das sollten Sie wissen

2. Welche Kursschwankungen waren in den letzten drei Jahren zu verzeichnen?

3. Wie gross ist das Fondsvermögen? Bevorzugen Sie Fonds mit einem Vermögen ab 100 Mio. Franken. Ab dieser Grössenordnung ist das langfristige Bestehen des Fonds besser gewährleistet.

4. Wie lange verwaltet der für den Fonds verantwortliche Fondsmanager das Fondsvermögen schon? Häufige Wechsel in der Fondsleitung könnten auf Probleme hinweisen.

5. Wie viele Aktienposten sind im Fonds enthalten und welche Gesellschaften und Branchen machen den Hauptanteil aus? Ein Aktienfonds sollte mindestens zwanzig verschiedene Aktien aufweisen. Achten Sie darauf, ob sich von den fünf grössten Aktienposten einzelne schlecht entwickelt haben oder ob der Aktienfonds Problemgesellschaften aufweist.

6. Nach welchen Anlagekriterien werden Aktien ausgewählt?

7. Welche Kosten inklusive Depotgebühren werden Ihnen direkt belastet, welche dem Fondsvermögen?

8. Hat der Fonds schon einmal eine Auszeichnung für überdurchschnittliche Leistung erhalten? Jährlich zeichnet beispielsweise die Ratinggesellschaft Standard & Poor's die besten Fonds jeder Kategorie mit dem Micropal Award aus.

Prognosen – und was davon zu halten ist

Kursprognosen für Fonds, Aktien, Devisen, Optionen, Derivative und Edelmetalle sind genau so zuverlässig wie die Wettervorhersage. Wie heisst es doch so schön: Gott hat die Ökonomen erschaffen, damit die Meteorologen nicht allein im Regen stehen! Trotzdem möchten die meisten Bankkunden von ihrem Berater eine Prognose: Steigt der Euro oder sinkt der Euro, steigt der SMI oder sinkt er? Doch solche Prognosen können durch kurzfristige Veränderungen an den Geld- und Kapitalmärkten bereits innert Tagen oder sogar Stunden überholt sein. Kommt beispielsweise eine überraschende Ankündigung der amerikanischen Notenbank (Federal Reserve Bank, Fed) wegen steigender Zinsen, kann sich dies innert Minuten lähmend auf alle Aktienmärkte der Welt auswirken und alle Prognosen des vorherigen Tages Lügen strafen.

Langfristig anlegen!

Generell lässt sich eigentlich nur eins sagen: Langfristig darf mit einem steigenden Trend an den Aktienmärkten gerechnet werden, denn Milliarden in unterschiedlichsten Währungen wollen jährlich angelegt sein. Ein langfristiges Anlageziel ist die beste Medizin für eine sich schnell verändernde Welt.

Trotzdem gibt es viele Prognose-Theorien und Crash-Propheten. Wie gefällt Ihnen beispielsweise die Wolkenkratzer-Theorie – ein nicht allzu ernst zu nehmendes Beispiel, das aber noch lange nicht das abstruseste ist?

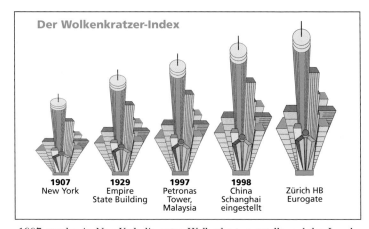

Der Wolkenkratzer-Index

1907	1929	1997	1998	
New York	Empire State Building	Petronas Tower, Malaysia	China Schanghai eingestellt	Zürich HB Eurogate

1907 wurden in New York die ersten Wolkenkratzer erstellt und das Land stürzte in eine Wirtschaftskrise. 1929 wurde das weltbekannte Empire State Building als höchstes Gebäude der Welt erstellt, der Börsencrash folgte unverzüglich. 1997 fielen Malaysia und Südostasien in eine Wirtschaftskrise, als der Petronas-Tower zum Wahrzeichen der Stadt wurde. 1998 wurde in China zwar das höchste Bauvorhaben eingestellt, trotzdem wurde das Land erstmals von massiven finanziellen Krisen geschüttelt. Was wohl wird mit dem SMI passieren, wenn beim Hauptbahnhof Zürich das 160 Meter hohe Eurogate realisiert wird?

Tipp Steigen Sie nur in Aktien oder Aktienfonds ein, wenn Sie langfristig (mindestens fünf Jahre) anlegen können. Dann brauchen Sie sich von Crash-Prognosen nicht ängstigen zu lassen.

Fondssparpläne – Wertpapierkauf auf Raten

Der schlaue Fuchs plant nicht einfach den Beutezug für die nächsten paar Tage, er will immer auch seine Zukunft weiter hinaus sicherstellen. Ein tragbares Risiko nimmt er dafür gerne in Kauf. Längst kennt er die Strassenüberquerung im Wald zu seinem erweiterten Jagdrevier. Monatlich führt er regelmässig einen Kontrollgang durch, um zu prüfen, ob seine Jagd- und Vorsorgestrategien unverändert aufgehen. Ab und zu wechselt er ein vertrautes Revier, weil dieses unergiebig geworden ist. Wer vom Fuchs lernen will, kommt als Sparer unweigerlich zu den gleichen Überlegungen und sucht einen langfristigen Ersatz für das gute alte Sparheft oder Sparkonto.

Relativ neu sind in der Schweiz die so genannten Fondssparpläne. Waren es vor einigen Jahren noch kaum vier Anbieter, bewerben sich heute schon 28 um die Gunst der langfristig denkenden Sparer und Sparerinnen: 13 Banken, 7 Fondsgesellschaften, drei Versicherungsgesellschaften, vier weitere Anbieter und die Post teilen sich zurzeit den Löwenanteil der Fondspargelder. Doch noch nicht einmal fünfzehn Prozent der Schweizer Anleger haben ihr Erspartes in Anlagefonds angelegt (siehe Überblick S. 72).

Wer in einen Fondssparplan investiert, legt in regelmässigen Abständen – am besten monatlich – einen bestimmten Betrag in einen oder mehrere Anlagefonds an. Die Einzahlungen werden anteilmässig auf die Anlagefonds aufgeteilt, so genannte Fraktionen. Möglich sind auch unregelmässige oder unterschiedlich hohe Einzahlungen; am besten fährt man aber mit der im Voraus festgesetzten regelmässigen Einzahlung pro Monat. Bei Einzahlungsbeginn kann mit einer Stammeinlage gestartet werden. Dies entspricht aber eher dem Langfristcharakter eines Fondskaufs; man profitiert nicht vom Effekt der Durchschnittskurse.

Sicherheit dank Durchschnittskursen

Weil monatlich eingezahlt wird, können die Anlegerinnen und Anleger mit Fondssparplänen auch bei Kursschwankungen ruhig schlafen. Denn bei tiefen Kursen erhalten sie für den eingezahlten Betrag mehr Anteile der ausgewählten Fonds, bei höheren Kursen entsprechend weniger. Auf längere Frist erwerben sie so ihr Fondsvermögen gesamthaft zu günstigeren Durchschnittskursen, als dies mit ungeplanten Käufen möglich wäre.

Mit einem Fondssparplan umgehen Sie also elegant das Problem des Aktienanlegers, der immer den richtigen Zeitpunkt für Kauf oder Verkauf erwischen muss, um auf einen grünen Zweig zu kommen. Zudem wird das Kursrisiko wegen der periodischen Einzahlungen auf fünf oder mehr Jahre breit verteilt, was auch einen höheren Aktienanteil vertretbar macht. Die Aktienquote sollte mindestens 20 bis 25 % betragen, denn bei reinen Obligationenfonds wird die ohnehin tiefere Rendite durch die Kommission massiv reduziert!

Tipps

 Wer mit dem Sparkonto spart, kommt auf keinen grünen Zweig. Die beste aller Sparlösungen heisst: Fondssparplan!

 Neben dem Fondssparplan sollten Sie auf Ihrem Privatkonto eine Liquiditätsreserve halten und je nach Möglichkeiten auch jährlich in die steuerbegünstigte Säule 3a einzahlen.

Worauf muss ich bei Fondssparplänen achten?

Die Zusammensetzung der Fonds macht es möglich, sich einen Fondssparplan auf die individuellen Renditeansprüche und Risikobedürfnisse massschneidern zu lassen. Die Anlagefonds können nach Obligationen und Aktien sowie nach Ländern, Währungen und Branchen aufgeteilt werden. Die immer umfangreicheren und nicht leicht vergleichbaren Angebote der Fondsanbieter führen jedoch zu einer eigentlichen Qual der Wahl. Der detaillierte Beobachter-Vergleich, der 13 Anbieter von Fondssparplänen umfasst (siehe Anhang, Seite 72), erleichtert Ihnen den Entscheid. Auf folgende Punkte sollten Sie dabei besonders achten:

9 Punkte, die
zu prüfen sind

- **Fondspalette:** Die Anzahl Fonds variiert je nach Anbieter. Eher mässig ist das Angebot bei der Zürich mit zwei, bei den Raiffeisenbanken mit drei eigenen und bei der Post mit fünf Fonds. Die Angebotspaletten werden aber ständig erweitert.

- **Ausgabe- und Rücknahmekommissionen:** Die Unterschiede sind markant. Die Zürcher Kantonalbank beispielsweise, deren Fondssparpläne Ende August 1999 auf den Markt gekommen sind, verlangt nur eine einmalige Ausgabekommission von 1 % auf der Investitionssumme. Beim Versicherer Profitline fällt bis Fr. 5000.– Kontostand keine Ausgabekommission an, zwischen Fr. 5000.– und 100 000.– ist es 1 % und auf Beträgen darüber 0,5 %. Dagegen verlangt der amerikanische Finanzriese Fidelity 5,25 % pro Kauf. Bei Fleming sind es 5 % der Plansumme und zusätzlich sogar 0,5 % Rücknahmekommission beim Verkauf.

- **Gebühren:** Jährliche Fondsverwaltungsgebühren sowie weitere Administrations- und Depotgebühren fallen je nach Anbieter unterschiedlich ins Gewicht.

- **Umschichtungsmöglichkeiten:** Sind Sie mit Ihrer Fondsauswahl wegen der Renditeentwicklung nicht zufrieden, sollten Sie diese umschichten, das heisst andere Fonds aus der Palette des Anbieters wählen können. Je nach Anbieter ist dies einmal oder mehrmals gratis oder nur gegen Gebühr möglich.

- **Flexible Einzahlungsbeträge und -rhythmen:** Alle verglichenen Anbieter erlauben einen monatlichen oder individuellen Einzahlungsrhythmus.

- **Mindest-Anlagebetrag:** Mindesteinlagen bei Sparbeginn von zwölf Monatsraten verlangen Sarasin, Fleming und JML. Solche Stamm- oder Einmaleinlagen widersprechen aber dem eigentlichen Grundsatz des Fondssparplans.

- **Minimale und maximale Laufzeiten:** Laufzeitbeschränkungen, zum Beispiel die minimale Laufzeit von fünf Jahren bei Sarasin, Skandia, Fleming und JML, sollten Sie sich nicht gefallen lassen. Unvorhergesehenes wie Krankheit oder überraschende grössere Anschaffungen könnte sonst zur Sparfalle werden.

- **Rückzugsmöglichkeiten:** Klären Sie unbedingt vor der Eröffnung die Möglichkeiten für die Wiederauszahlung ab – bei vorübergehendem Geldbedarf wie auch nach Erreichen des Sparziels oder bei Abbruch des Sparplans. Sind Mindestauszahlungen jederzeit möglich? Ist nach Erreichen des Sparziels nur eine einmalige Auszahlung vorgesehen oder ist auch ein Rentenplan möglich? Bei Rentenplanauszahlungen wird die Bank ab einem bestimmten Datum monatlich oder vierteljährlich Fondsanteile im gewünschten Betrag für Sie verkaufen und Ihnen das Geld auszahlen. Im Gegensatz zu Rentenlösungen von Versicherungen erhalten Sie aber nicht bis ans Lebensende eine monatliche Auszahlung, sondern natürlich nur so lange, wie noch Anteilscheinkapital auf Ihrem Konto liegt.

• **Kontoauszüge:** Eine wichtige Rolle spielt auch die Häufigkeit der Kontoauszüge des Sparplans. Mindestens halbjährliche oder noch besser monatliche Auszüge geben gute Informationen über die Wertentwicklung und für Umschichtungsentscheide.

Achten Sie bei Ihren Einzahlungen darauf, dass diese Beträge nicht lange «herumliegen», sondern termingerecht in den Fondssparplan investiert werden. Wenn Sie Ihre monatliche Zahlung von Fr. 500.– schon am 20. des Monats leisten, bleibt Ihr Geld unter Umständen zehn Tage lang tief- oder sogar unverzinst auf einem Konto liegen, bis die Bank Ende Monat die Anlage in den Fonds vornimmt. Am besten erteilen Sie Ihrer Bank einen ständigen Auftrag zur termingerechten Investition in der Regel per Ende Monat.

Wie haben die Fonds bisher rentiert?

Der Fuchs misst seine Stärke oder sein Sprungvermögen nicht an einem Igel, sondern vergleicht sich mit einem gleichaltrigen Fuchs. Genau so vergleicht man Anlagefonds entweder mit gleich strukturierten Fonds anderer Banken oder mit einem Index. Nur so können Birnen mit Birnen verglichen werden.

Eine grosse Übersicht mit 875 Fonds von Anbietern in der Schweiz und ihren Renditen bietet beispielsweise die Finanzzeitung Cash. Die Fonds sind gegliedert nach Arten und Währungen und sind in der Reihenfolge ihres Abschneidens seit Ende 1994 aufgeführt. Eine Auswertung, aus der Sie sich auf einfache Art und Weise Ihre massgeschneiderte Fondslösung selber zusammenstellen können.

875 Fonds im Vergleich		Fondsart	Anzahl	Bester	Schlechtester
	Festverzinsliche Fonds	Money Market Funds (Geldmarktfonds)	45	+ 66,9 % Swissca MM Fund £, Valor 600 729	+ 7,9 %
		Obligationen Schweizer Franken	34	+ 39,1 % CS Bond Fund Dynamic CHF, Valor 277 020	+ 21,6 %

24

Fondsart	Anzahl	Bester	Schlechtester
Obligationen europa-/weltweit (div. Währungen)	51	+ 81,8 % WinGl International Bond -T-, Valor 600 798	+ 30,2 %
Obligationen eine Fremdwährung	112	+ 116,4 % CS Bond Fund Dynamic US$, Valor 277 022	+ 2,3 %
Obligationen High Yield/Emerging Markets (Hochzinsfonds/ Schwellenländer)	32	+ 95,2 % Scudder Emerging Markets Income A2, Valor 024 248	+ 27,2 %
Wandel- und Optionsanleihen	16	+ 162,7 % CS Bond Fund Convertibles £, Valor 140 214	+ 1,2 %
Nur Obligationen und Geldmarkt	25	+ 69,3 % UBS (Lux) Strategy-Fixed Inc (USD) B, Valor 618 671	+ 18,1 %
Obligationen, Geldmarkt und kleiner Anteil Aktien	29	+ 94,7 % UBS (CH) Strategy-Yield (USD), Valor 279 217	+ 37,1 %
Obligationen, Geldmarkt und Aktien ausgewogen	60	+ 126 % USB (CH) Strategy-Balanced USD, Valor 279 218	+ 45,3 %
Obligationen, Geldmarkt und grosser Anteil Aktien	22	+ 148,3 % Swissca Valca, Valor 277 963	+ 80,2 %
Aktien Schweiz	29	+ 228,8 % Vontobel Swiss Equities, Valor 279 570	+ 166,7 %
Aktien Schweiz (Small Caps/Opportunities/ Special)	11	+ 248,5 % JB Special Swiss Stock Fund B, Valor 618 151	+ 121,1 %

Festverzinsliche Fonds

Asset Allocation Funds/Anlagestrategiefonds

Aktien Schweiz

Fondsart	Anzahl	Bester	Schlechtester
Aktien Europa	50	+ 427,9 % UBS (CH) Equity Fund-Scandinavia, Valor 279 181	+ 181,5 %
Deutschland	12	+ 376,8 % ABN Amro Germany Equity Fund, Valor 233 532	+ 137,8 %
Spanien, iberische Halbinsel	2	+ 302,8 % CS EF (Lux) Spain, Valor 349 514	+ 278,8 %
Frankreich	4	+ 290,1 % Pictet Valfrance, Valor 043 629	+ 226,6 %
Italien	5	+ 290,8 % Pictet Valitalia, Valor 118 224	+ 193,3 %
Niederlande	6	+ 257,0 % Pictet Nedval, Valor 135 167	+ 227,7 %
UK, Grossbritannien	9	+ 213,3 % Swissca Great Britain, Valor 042 264	+ 118,8 %
Aktien USA und Kanada	44	+ 375,6 % MST North American Fund, Valor 594 022	+ 167,2 %
Aktien Latin America	9	+ 68,5 % Scudder Latin America Fund A2, Valor 220 325	+ 25,6 %
Aktien Asien (nur Japan)	33	+ 226,0 % MST Japan Opportunities Fund, Valor 594 268	+ 5,8 %

Aktienmärkte Europa — *Aktienmärkte übrige Länder*

	Fondsart	Anzahl	Bester	Schlechtester
Aktienmärkte übrige Länder	Aktien Asien (inkl. Japan)	10	+ 233,3 % FFF Pacific Fund, Valor 358 468	+ 7,9 %
	Aktien Asien (exkl. Japan)	26	+ 76,8 % MST Australien & New Zealand, Valor 594 213	- 39,0 %
	Aktien Asien (China/Hongkong/ Taiwan)	9	+ 83,9 % FFF China Fund, Valor 358 441	– 19,4 %
	Emerging Markets Funds (Entwicklungsmärkte)	36	+ 350,0 % Euromed, Valor 277 200	- 2,8 %
	Aktien weltweit	52	+ 222,7 % Stockbar, Valor 276 993	+ 100,8 %
Diverse Fonds	Goldminen-, Edelmetall- und Rohstoffaktien	7	- 21,1 % MST Gold & Mining Fund, Valor 333 541	– 54,0 %
	Energie, Rohstoffe, Öko-Fonds	12	+ 173,3 % CS EF Global Energy, Valor 278 920	+ 47,1 %
	Branchenfonds	54	+ 648,2 % Pictet Biotech, Valor 891 431	+ 298,1 %
	Protected Funds (kapitalgeschützte Fonds/ strukturierte Fonds)	31	+ 84,6 % UBS (Lux) Dynamic Floor (USD) 95 %, Valor 273 599	+ 16,6 %
	Immobilienfonds Ausland	1	+ 25,0 % CS Euroreal, Valor 327 344	–
	Immobilienfonds Schweiz	18	+ 63,4 % Swissca IFCA, Valor 702 020	+ 15,1 %

Quelle: CASH, 28. 6. 2000

Vergleich mit ähnlichen Fonds

Bei den meisten Fondssparplänen handelt es sich um Portfoliofonds – auch Anlagezielfonds oder Anlagestrategiefonds genannt – mit unterschiedlichen Anteilen an Obligationen und Aktien, mit verschiedenen Währungs-, Branchen- und Ländermixes.

Bei 13 Fondssparplan-Anbietern mit unterschiedlichen Angebotspaletten ist ein genauer Renditevergleich fast nicht möglich; zu gross sind die Unterschiede in der Zusammensetzung auch von ähnlich gelagerten Fonds. Renditevergleiche sind also mit Vorsicht zu geniessen – das gilt auch für den unten stehenden Vergleich einiger Fonds aus den Fondssparplänen. Eins allerdings steht fest: Jeder Fondssparplan ist besser als ein Sparkonto – die Sparzinssätze der Banken liegen zurzeit zwischen 1 und 2 %!

Renditenvergleich einiger Fonds

	Fonds	Rendite in %** seit Ende 99	seit Ende 94
Konservativ, 15 bis 30 % Aktienanteil	Raiffeisen Schweiz Obl. Invest 25B	-0.8	(Mai 97)
	Swissca Portfolio Fund Yield	-1,2	(März 95)
	CS Portfolio (Lux) Income (SFR) B	-1,2	(März 95)
	UBS (Lux) Strategy Yield (CHF) B	0,0	37,1
	Postsoleil 3	-0,5	(Sept. 97)
	ZKB Einkommen	-1,5	43,9
Ausgewogen, 30 bis 50 % Aktienanteil	Swissca Portfolio Balance	-0,7	(März 95)
	LKB Expert-Vorsorge	-2,1	(Okt. 99)
	UBS (Lux) Strategy Bal. (CHF)	-0,2	59,7
	Raiffeisen Global Invest 45 B	-0,8	(Mai 97)
	CS PF (Lux) Balanced (SFR)	-1,5	74,6
	ZKB Ausgewogen	-1,2	70,8

	Rendite in %**	
Fonds	**seit Ende 99**	**seit Ende 94**
CS Equity Fd Swiss Blue Chips	3,8	195,6
UBS (CH) Equity Fund Switzerland	1,7	166,7
SaraSwiss	4,4	185,3
Swissca Switzerland	4,2	195,1
Coop Bankmix	7,7	(Juli 97)
ZKB Kapitalgewinn (Aktien international)	-1,2	143,0

(Left vertical label: Aktienfonds, 80 bis 100 % Aktienanteil)

** Rendite/Performance per 28. 6. 2000

Aktienindex als Messlatte

Der Aktienindex (siehe Seite 19) eignet sich als Messlatte für Aktienfonds, nicht aber für die sowieso tiefer rentierenden Obligationenfonds. Anhand des Indexes (Benchmark) lässt sich feststellen, wie gut sich ein bestimmter Fonds in der Vergangenheit entwickelt hat. Haben die Fondsmanager ihre Aufgabe gut gemacht, liegt die Rendite höher als der Vergleichsindex. Liegt die Rendite wenig darunter, muss dies noch nicht bedeuten, dass der Fonds nicht gut rentiert habe; denn dem Vergleichsindex werden ja keine Gebühren und sonstigen Kosten belastet. Bei starken Abweichungen allerdings erhalten die Fondsmanager ein schlechtes Zeugnis.

Im Folgenden als Beispiel ein Vergleich des Fonds Swissca Switzerland (Aktien Schweiz, Valorennummer 277 964) mit dem SPI (Swiss Performance Index, alle gehandelten CH-Aktien).

	Kursentwicklung/Performance in CHF (1995 – 1999)		
	1 Jahr	**3 Jahre**	**5 Jahre**
Swissca Switzerland	12,93 %	94,07 %	183,25 %
SPI/Benchmark	11,69 %	99,96 %	191,09 %
Sektorendurchschnitt	14,63 %	95,43 %	179,11 %

Fondsrendite im Vergleich zum Index

29

Die Aufstellung zeigt, dass der Swissca-Fonds Switzerland im 3- bis 5-jährigen Vergleich zwar unter dem SPI liegt, im Vergleich mit anderen Fonds aus diesem Sektor jedoch gut abschneidet.

Tipp Viele Berater behaupten, man solle möglichst Vergleiche auf zehn Jahre zurück anstellen. Dies darum, weil die Fonds in einem Zehnjahresvergleich meist besser abschneiden. Dabei geht vergessen, dass sich auch die Welt in den letzten zehn Jahren massiv verändert hat. Vergleiche bis drei Jahre zurück sind deshalb aussagekräftiger – alles andere dient höchstens als Verkaufsargument.

Auf die Zusammensetzung kommt es an

Wie gut ein Anlagefonds rentiert, hängt vor allem von seiner Zusammensetzung ab: Je höher der Aktienanteil, desto besser auch die Rendite. Auf der anderen Seite stellt sich die Frage nach dem Risiko: Kurzfristige Aktienanlagen sind den Launen des Aktienmarkts am stärksten ausgesetzt. Je länger also Ihr Anlageziel, desto höher darf wegen der breiteren Risikostreuung auch der Aktienanteil sein. Eine generelle Empfehlung jedoch gibt es nicht. Ausschlaggebend für den Entscheid ist Ihr Einkommen, Ihr Alter und Ihre Risikobereitschaft.

Renditen der ZKB-Fonds als Beispiel

Jahr	Rendite in %					
	Franken-ertrag	Zins-ertrag	Ein-kommen	Aus-gewogen	Kapital-gewinn	Fremd-währungs-obli.
1995		7,87	8,94	8,27	6,68	8,09
1996		12,97	10,25	16,71	24,16	24,63
1997	1,90*	4,28	8,79	13,08	28,39	5,43
1998	4,73	5,97	6,94	8,75	12,00	7,24
1999	1,10	0,60	4,40	10,80	28,00	4,80
1.1.1995 – 31.12.1999	33,9**	35,70	45,70	72,20	143,8	59,60

* 16. 4. 1997 bis 31. 12. 1997
** 16. 4. 1997 bis 31. 12. 1999
Zur Zusammensetzung der Fonds siehe die Beschreibungen ab Seite 52

Der Fünfjahresvergleich zeigt deutlich: Am besten rentiert der Fonds mit dem höchsten Aktienanteil («Kapitalgewinn», 80 % Aktien). Eine ansprechende Rendite bringt auch der sicherere Fonds «Ausgewogen» mit 40 % Aktienanteil. Im selben Bereich liegt der Fonds mit Fremdwährungsobligationen; allerdings eignen sich reine Fremdwährungsfonds weniger als einzige Anlage, sondern eher als Beimischung zu einem sonstigen Fondsvermögen.

Vermögensaufbau mit Aktien

Aktien sind Wertpapiere, die einen finanziellen Anteil an einer Aktiengesellschaft beinhalten. Sie sichern dem Eigentümer Stimm- und Wahlrechte an der Generalversammlung und einen Anteil am Gewinn der Gesellschaft in Form von Dividenden.

Aktien kauft und verkauft man über die Bank. Die Aufträge können schriftlich, mündlich am Schalter, telefonisch oder via Online-Banking aufgegeben werden. Bei der Auftragserteilung wird als Absicherung gegen grosse Tagesschwankungen in der Regel eine Kurslimite festgelegt: Geht der Kurs über die Limite, werden die Aktien nicht gekauft, geht er unter die Limite, nicht verkauft. Die Kommissionen richten sich nach dem Courtagetarif und sind gestaffelt nach der Höhe der Transaktion. Die Kosten für Online-Aufträge sind bei den Banken generell 15 bis 40 % tiefer angesetzt. Dabei entfällt aber die Beratung am Schalter oder am Telefon.

ZKB-Courtage-tarif online als Beispiel	Transaktion in CHF		Tarif Online
	bis	1 066.65	3,75 %
	1 066.75 bis	8 000.–	CHF 40.–
	8 000.– bis	16 000.–	0,40 %
	16 000.– bis	30 000.–	0,50 %
	30 000.– bis	150 000.–	0,25 %
	150 000.– bis	180 000.–	1,50 %
	180 000.– bis	350 000.–	0,50 %
	350 000.– bis	1 058 000.–	0,20 %
	über	1 058 000.–	0,10 %

Aktien gehören ins Wertschriftendepot. Dort werden sie von der Bank zum Depotgebührentarif verwaltet. Wegen ihrer höheren Renditechancen und der steuerlichen Privilegien – Kursgewinne sind nicht als Einkommen zu versteuern – gehören Portfoliofonds mit Aktienanteil (oder für Risikofreudigere auch Einzelaktien) ins Portefeuille von Anlegern, die auf einen raschen Vermögenszuwachs aus sind. Die Statistiken zeigen, dass Aktienanlagen in den letzten Jahren durchschnittlich mit 8 % pro Jahr rentiert haben –

ausgenommen natürlich spekulative Aktienanlagen mit höheren Renditen, aber auch höheren Verlusten.

Im Folgenden geht es vor allem um die Auswahl von langfristig interessanten Aktien für den Vermögensaufbau. Ausführlichere Informationen über Aktien und vor allem über das Spekulieren mit Wertpapieren finden Sie in der Beobachter-Broschüre «Tu was für dein Geld – spekuliere!».

Die Wahl der richtigen Aktien

Aktien kann man kaufen, weil man gefühlsmässig der Meinung ist, die ausgewählte Gesellschaft habe, aus welchen Gründen auch immer, ein interessantes Kurssteigerungspotenzial. Gefährlich sind die angeblich heissen Börsengerüchte, denn bevor Sie diese erfahren, sind sie meist allen Händlern schon lange bekannt. Bessere Kriterien sind da die Kaufempfehlungen von international bekannten Banken oder Finanzanalysten (siehe Seite 34). Auch der schlaue Fuchs wagt sich schliesslich nicht aus der Höhle, bloss weil er das Gefühl hat, der Jäger lauere gerade jetzt nicht davor. Zuerst hält er seine Nase in den Wind und filtert die Informationen aus den Gerüchen. Ist die Luft rein, dann nix wie raus!

Viele Aktienkäufer prüfen viel zu wenig, ob ein Titel, der sie interessiert, von einer weltbekannten Analystengesellschaft oder einer grossen Investmentbank auf eine Empfehlungsliste gesetzt worden ist. Das aber würde sich lohnen; denn diese Gesellschaften arbeiten alle nicht nach Gefühl, sondern verfügen über hoch qualifizierte Stäbe von einigen Hundert bestens ausgebildeten Analysten, welche die verschiedenen Titel nach allen wichtigen Kriterien untersuchen und ihre Empfehlungen teils in monatelanger Arbeit zusammenstellen. Institutionelle Anleger – etwa Pensionskassen, die AHV, Versicherungsgesellschaften, Finanzgesellschaften und private Grossanleger aus aller Welt – richten ihre Anlagepolitik hauptsächlich nach solchen Richtwerten und Empfehlungen. Entsprechend massiv können denn auch die Aktienkurse ansteigen, wenn sukzessive Millionen von Franken eingesetzt werden. Setzen die Analysten aufgrund neuer Erkenntnisse frühere Kaufempfehlungen auf «halten» oder gar «verkaufen», können die Aktienkurse aber auch regelrecht einbrechen. Steigen Sie aus Unwissenheit in einem solchen Zeitpunkt erst ein, können Sie sich nur noch wundern, warum Ihre Wunschaktie ständig an Wert verliert.

Die globalen Prognose-Giganten

Neben dem eigentlichen Investmentbanking – Ausgabe und Vermittlung von Wertschriften und Vermögensverwaltung – betreiben die grossen internationalen Finanzgesellschaften eigene Analystenabteilungen. Sie werden auch «Opinion Leaders» genannt, Meinungsmacher, welche viele andere Anleger in ihrem Verhalten am Aktienmarkt beeinflussen. Weltweit die grössten Gesellschaften sind:

Die grössten Finanzanalysten

- Merrill Lynch & Co, USA
- Goldmann, Sachs & Co, USA
- Lehmann Brothers, USA
- Morgan Stanley, USA
- Salomon Brothers, USA
- Deutsche Morgan Grenfell, D
- UBS Warburg, Zürich/London
- CS First Boston, USA (Tochtergesellschaft der CS)

Diese Gesellschaften verzeichnen Kommissionseinnahmen in Milliardenhöhe in US-Dollars. Setzen sie eine Aktiengesellschaft als Empfehlung auf die Speisekarte, treffen Kauforders aus aller Welt ein und beeinflussen die Aktienkursentwicklung. Die grossen Pensionskassenmanager wissen dann, dass sie mit diesem Titel Qualität und Sicherheit einkaufen.

Tipp Was den grossen Anlegern recht ist, sollten auch Privatinvestoren nicht verschmähen. Setzen Sie auf die Empfehlungen international anerkannter Analysten und Investmentbanken.

Propheten im eigenen Land

Natürlich verfügen auch andere Banken über teilweise erstklassige Analysten, die sich auf Aktiengesellschaften im eigenen Land spezialisiert haben. Ihre Empfehlungen finden vor allem im eigenen Land Anklang. Viele Schweizer Banken – beispielsweise Credit Suisse, UBS, verschiedene Kantonal-, Regional- und Privatbanken – geben monatliche Empfehlungslisten heraus, die gratis abonniert werden können. Diese Listen sind in der Regel übersichtlich und enthalten gut verständliche Kommentare zu einzelnen Unternehmen mit klar formulierten Kaufempfehlungen. Oft

wird auch ein konkret zu erwartendes Kursziel genannt. Als Beispiel ein Auszug aus «Anlagen Aktuell», der Empfehlungsliste der
Zürcher Kantonalbank.

Anlagen Aktuell der ZKB vom 11. 3. 1999

General Electric

Valorennummer 933 071

Kurs vom 9. 3. 1999	*USD 106 / CHF 155.15*
Kurs vom 30. 6. 1999	*USD 113 / CHF 175.10*
Extremkurse 1998/99	*USD 106 – 72*

Gewinn pro Aktie 1998	*USD 2.84*
Gewinn pro Aktie 1999	*USD 3.20 Schätzung/S KGV 33.1x*
Gewinn pro Aktie 2000	*USD 3.60 Schätzung/S KGV 29.4x*

Dividende 1998	*USD 1.20, Rendite 1,1 %*

Dem CEO [Chief Executive Officer = Vorsitzender der Geschäftslei-
tung] Jack Welch ist es zu verdanken, dass aus dem einst behäbi-
gen Elektroriesen mittlerweile ein hochprofitables Unternehmen
geworden ist. Mit einer Börsenkapitalisierung von USD 317 Mrd.
gehört es zu den grössten der Welt. Durch die straffe Organisation und die konsequente Ausrichtung auf die Kerngeschäfte ist
GE einer der führenden Mischkonzerne geworden. Bereiche, die
das angestrebte Ziel verfehlen, werden konsequent abgestossen,
während andere, erfolgversprechende erworben werden. Dies
erlaubte es dem Konzern in den vergangenen Jahren eine kon-
stant hohe Eigenkapitalverzinsung zu erzielen. Das Geschäftsjahr
1998 verlief erfreulich. Der Reingewinn konnte um 14 % und der
Umsatz um 7,3 % auf USD 28.64 Mrd. gesteigert werden. Die
hochmargigen und serviceintensiven Bereiche wie z. B. Trieb-
werke werden forciert. Mit Hilfe des mehrjährigen Qualitätspro-
gramms «Six Sigma» werden die Kosten erheblich gesenkt, die
Kundenzufriedenheit wird erhöht. Die Kostensenkung im Jahr
1998 belief sich auf USD 1 Mrd. und wird in den nächsten fünf
Jahren auf USD 5 bis 7 Mrd. ausgedehnt. Der hohe Cash-Flow
wird für weitere Akquisitionen (vor allem im Finanzbereich)
genutzt. Das laufende Aktienrückkaufsprogramm wird dieses
Jahr leicht gedrosselt. General Electric gilt als solides Investment.
Darum empfehlen wir die Aktie weiterhin zum Kauf.

- **Valorennummer:** Jede Aktie hat eine weltweit gültige Valorennummer. Geben Sie diese Kennnummer bei einer Kauforder an die Bank immer zusätzlich an; damit können Sie missverständliche Aufträge praktisch ausschliessen. Auch im Internet finden Sie einen Titel anhand der Valorennummer rascher unter den verschiedenen Börsendienstanbietern.

- **KGV:** Das Kurs-Gewinn-Verhältnis – auch P/E (Price/Earnings-Ratio) genannt – zeigt, wie oft der für 1999 oder 2000 geschätzte Gewinn je Aktie im Kurs enthalten ist. Aktienkäufer beurteilen Aktien mit relativ hohem KGV generell als relativ teuer, solche mit tiefem KGV als eher günstig.

- **Börsenkapitalisierung:** Gesamtwert aller an der Börse gehandelten Aktien des Unternehmens

- **Eigenkapitalverzinsung** (Eigenkapitalrendite): Dieser Begriff sagt in Prozenten aus, wie hoch der Reingewinn im Verhältnis zum Eigenkapital (Vermögen der Gesellschaft) ist. Je höher die Eigenkapitalverzinsung, desto zufriedener sind die Aktionäre mit der Geschäftsleitung.

- **Cash-Flow:** Gewinn vor Abschreibungen und Rückstellungen

- **Aktienrückkauf:** Aktienrückkäufe durch das Unternehmen sind ein Mittel zur Kapitalreduktion. Damit kann die pralle Kasse abgebaut und die Bilanzstruktur optimiert werden. Dies wiederum bewirkt eine Steigerung des Gewinns pro Aktie.

 Erkundigen Sie sich vor einem Aktienkauf stets bei Ihrer Bank, ob Ihr Favorit auf einer Empfehlungsliste steht oder ob sogar davor abgeraten wird. Regelmässig erscheinende Empfehlungslisten können bei den meisten Banken kostenlos abonniert werden.

 Die Kaufempfehlung der ZKB für General Electric ist eine gute Langzeitempfehlung. Diese Aktie steht auch bei anderen Banken auf der Empfehlungsliste.

Die heissen Börsengerüchte

Die Gerüchteküche an den Aktienmärkten brodelt täglich – doch schon mancher heisse und todsichere Tipp hat sich in Schall und Rauch aufgelöst. Oft setzen Händler und Spekulanten, nachdem sie sich mit einem Titel eingedeckt haben, gezielt Gerüchte in Umlauf, um diesen mit fetten Gewinnen wieder zu verkaufen. Meist sacken dann auch die Kurse der betroffenen Aktien wieder ein.

Interessant ist es aber, einmal hinter die Kulissen der Gerüchteküche zu sehen. Gerüchte aus erster Hand sind immerhin besser als Gerüchte aus dritter Hand – zum Beispiel im Frühling 1999 über die Jelmoli-Aktie.

- **12. 3. 1999, Cash**   *Gerüchtebeispiel*
Im Cash vom 12. März 1999 steht unter «INSIDE BÖRSE» eine kleine Notiz des Wirtschaftsjournalisten Alfred Herbert: Seit Wochen hohe Tagesumsätze bei Jelmoli; nichts Handfestes zu erfahren. Flirtet etwa die Migros mit einem grösseren Globus-Verbund?

- **16. 3. 1999, Internet: www.marktpirat.com**
Armando Guglielmetti, der meist gut unterrichtete Internet-Börsenguru und Herausgeber von «Marktpirat», teilt bereits um 5.52 Uhr mit: Jelmoli sind ein Kauf. Die Jelmoli-Aktien sind im Gerede; die nun seit gut drei Monaten überdurchschnittlichen Umsätze in den Inhaberaktien, welche wie von eiserner Hand geführt nahezu täglich gegen Börsenschluss nachgeben, bieten Anlass zu Spekulationen. Diese Vorgehensweise entspricht einem klassischen Aufkaufschema! Die wieder anziehenden Erträge für Top-Immobilien und die steigende Konsumlust von Frau und Herrn Schweizer stempeln Jelmoli zu einem Objekt der Begierde! Kauft sich ein europäischer Grosskonzern ein Standbein in der Euroland-Insel Schweiz? Bereitet ein Schweizer Konzern, Coop oder Migros, eine Attacke vor?

- **17. 3. 1999, Finanz und Wirtschaft**
Die Information lautet hier: Aus unterschiedlichen Gründen konnten einige zyklische Aktien Terrain gewinnen. Mit 3,2 % profitierten Jelmoli von einer Morgan-Stanley-Anlagestudie.

- **17. 3. 1999, Internet: www.marktpirat.com**
Um 9.46 Uhr spekuliert der «Marktpirat»: Kommt eine Übernahmeofferte bei 1800 bis 2000 Franken?

In der Folge entwickelt sich der Börsenkurs von Jelmoli sehr sprunghaft (siehe Grafik). Aus der Tageschart (sukzessive Kursentwicklung während des Tages) ist auch ersichtlich, dass ganz schlaue Füchse die Aktien zu tiefen Kursen gekauft und gleichentags mit saftigen Gewinnen zu höheren Kursen wieder verkauft (ausgeladen) haben. Diese Art von Spekulation wird «Intraday» genannt.

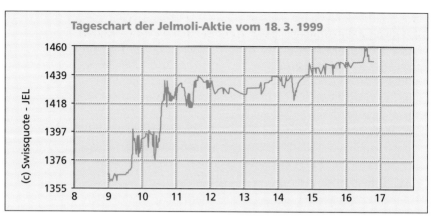

Tageschart der Jelmoli-Aktie vom 18. 3. 1999

(c) Swissquote - JEL

Eröffnungskurs um 05.00 Uhr mit Tagesentwicklung bis Börsenschluss um 17.00 Uhr: Wer zum Beispiel Jelmoli-Aktien um 09.45 Uhr zu Fr. 1376.– gekauft und am gleichen Tag um 15.00 Uhr zu Fr. 1440.– verkauft hat, verdiente pro Aktie Fr. 64.–, das sind 4,65 %.

Internet-Übersicht der Jelmoli-Aktie

Date	**Time**	**National#**	**Change**
(Datum)	(Börsenschluss)	(Valorennummer)	(Tagesentwicklung)
18-03-1999	17:00:00	066846	95 (7.0 %)

Volume	**Prev. close**	**Today's open**	**Last**
(an diesem Tag gehandelte Titel)	(Schlusskurs vom Vortag)	(Eröffnungskurs)	(Schlusskurs des Tages)
14275	1355	1360	1450

Bid Size	**Ask Size**	**Bid** 16:49:45	**Ask** 16:49:45
(Angebotene Anzahl Aktien)	(Gesuchte Anzahl Aktien)	(Angebot in Franken)	(Gesucht in Franken)
40	590	1446	1450

52 Weeks high	**52 Weeks low**	**Today's high**	**Today's low**
(Höchstkurs der letzten 52 Wochen)	(Tiefstkurs der letzten 52 Wochen)	(Tageshöchstkurs)	(Tagestiefstkurs)
2050	1156	1459	1360

Security Type	**Dividend**	**Date**	**Ex-Date**
(Art der Aktie: Inhaber)	(letzte ausgezahlte Dividende (CHF))	(Datum der letzten Dividendenzahlung)	(Gutschrift der Dividende)
Bearer Share	34	05-05-1998	05-05-1998

Was aus dem Gerücht wurde

Die Jelmoli-Aktie eröffnete am 18. März bei CHF 1360.– und schloss bei 1450.–. Am 17. Juni 1999 lag der Kurs bei Fr. 1425.–. Einen Verkauf an Migros oder sonst einen Konzern gab's nicht, dagegen wurde der Reisebereich von Jelmoli an Kuoni verkauft – ohne grosse Kursauswirkungen bis zum 17. Juni. Urteilen Sie selbst, ob sich für Sie ein Kauf dieser Aktien aufgrund der Gerüchte gelohnt hätte. Denken Sie daran: Nur weil er hört, eine fette Gans spaziere auf der nahen Wiese, wagt sich der gewiefte Fuchs noch lange nicht aus der sicheren Höhle. Es könnte ihn teuer zu stehen kommen, wenn das Gerücht vom Jäger gestreut worden ist.

 Für Gerüchte-Käufe sollten Sie auf keinen Fall das ganze verfügbare Kapital einsetzen, das Risiko ist viel zu hoch. Vielleicht aber lässt sich mit einem tragbaren Einsatz ein rascher Gewinn erzielen. Wären 20 Aktien Jelmoli für Sie tragbar gewesen? *Tipp*

Einige Langzeitfavoriten des Geldexperten

Der schlaue Fuchs kommt selten in die Lage, zwischen verschiedenen Häppchen wie Hühnern, Mäusen oder Gänsen auswählen zu dürfen. Auch für Anleger ist die Auswahl aus Tausenden von Aktien nicht so einfach. Nicht nur die Wahl der richtigen Aktie mit längerfristig guten Kursgewinnchancen ist wichtig, sondern auch eine vernünftige Risikostreuung der Aktien oder Aktienfonds auf verschiedene Gesellschaften, Länder und Branchen. Die folgenden Aktientipps aus dem Erfahrungsschatz des Beobachter-Geldexperten gelten für Aktieninvestoren mit einem längeren Zeithorizont – ab fünf Jahren – als Daueranlage. Sie sind nicht für kurzfristige Spekulationen geeignet.

Roche GS

Valorennummer 224 181

Kurs am 30. 6. 1999: **CHF 15 980**	Kurs am 30.6.2000: **CHF 15 880**
Höchst/Tiefst 2000:	CHF **18 885 / 15 555**
Höchst/Tiefst 1999:	CHF **18 885 / 15 960**

Chemie und Pharma

Dieser Pharma- und Chemiekonzern zählt weltweit zu den Branchenführern. Strategisch will der Konzern in seinen Geschäftsbereichen eine Spitzenposition einnehmen. Roche ist interessant, weil der Konzern auch dank intensiver Forschungstätigkeit und neuer erfolgreicher Produkte seine Spitzenposition laufend ausbauen kann. Hingegen sind die laufenden Klagen gegen den Konzern vorläufig noch kurshemmend.

 Der Titel ist erste Wahl für Langzeitanleger, die sich auch nach der Pensionierung an dieser Aktie erfreuen können. *Tipp*

Nestlé Namen

Valorennummer 213 768

Kurs am 30. 6. 1999: **CHF 2801**	Kurs am 30. 6. 2000: **CHF 3265**
Höchst/Tiefst 2000:	**CHF 3350 / 2540**
Höchst/Tiefst 1999:	**CHF 3120 / 2498**

Der grösste Nahrungsmittelkonzern der Welt ist dank seinem Produkteangebot auch allen Nicht-Aktienbesitzern bekannt. Die Aktie ist bei allen Pensionskassen, Banken, Versicherungen, Finanzgesellschaften ein Langzeitwert im Wertschriftenvermögen. Die breite produktemässige und geografische Verteilung verleiht dem Konzern auch in turbulenten Börsenzeiten eine gute und sichere Stabilität. Das Wachstum des Konzerns wird durch die prall gefüllten Kassen gefördert und ist viel versprechend.

Tipp Ein Titel, der sich auch für vorsichtige und mässig risikobewusste Investoren eignet.

Lindt & Sprüngli PS

Valorennummer 172 011

Kurs am 30. 6. 1999: **CHF 3960**	am 30. 6. 2000 (nach Splitt 1:5): **CHF 775**
Höchst/Tiefst 2000:	**CHF 900 / 690**
Höchst/Tiefst 1999:	**CHF 4045 / 3320**

Die Namenaktie von rund CHF 40 000 Kurswert (18. März 1999) eignet sich eher für Grossinvestoren. Der Partizipationsschein (PS, Wertpapier ohne Stimmrecht) ist auch für Kleinanleger geeignet. Lindt & Sprüngli will auch im Ausland expandieren und als weltweit bekanntes und einziges Schokoladenunternehmen der oberen Preis- und Qualitätsstufe die Marke Lindt noch stärken. Mit eigenen Vertriebsgesellschaften, immer neuen Produkten und zielgerichteten Firmenzukäufen wird weiterhin mit starken Umsatzausweitungen gerechnet.

Tipp Langzeitinvestoren wird das finanzielle Engagement mit guten Kurssteigerungen versüsst.

Liechtensteinische Landesbank AG, Vaduz

Valorennummer 075 326

Kurs am 30. 6. 1999: **CHF 908**	Kurs am 30. 6. 2000: **CHF 835**
Höchst/Tiefst 2000:	**CHF 900 / 735**
Höchst/Tiefst 1999:	**CHF 960 / 881**

Diese Anlageperle in Vaduz ist eine interessante Alternative zu Grossbanken, die Milliarden in den Sand gesetzt haben. Das revidierte liechtensteinische Bankengesetz ist 1999 in Kraft gesetzt und dem Europäischen Wirtschaftsraum angepasst worden. Darum erwartet die Bank künftig neben den bisher hauptsächlich deutschsprachigen Kunden vermehrt ausländische Kundengelder. Die LLB ist eine Universalbank mit Staatsgarantie; die Mehrheit der Aktien wird vom Fürstentum gehalten. Mit einer klaren Strategie im Anlagefondsgeschäft soll das Kundenpotenzial noch besser ausgeschöpft werden. Die Kreditverluste in den letzten Geschäftsjahren sind kaum nennenswert. Trotz einiger Turbulenzen im lichtensteinischen Bankensektor im 1. Semester 2000 ist mit einer langfristig weiterhin positiven Entwicklung zu rechnen.

 Diese auch für Kleinanleger geeignete, werthaltende Aktie *Tipp* gehört eigentlich in jedes Anlegerportefeuille. Mit einem kontinuierlichen Zukauf über Monate und Jahre können zudem interessante Durchschnittskurse erzielt werden.

Swiss RE Namen

Valorennummer 124 558

Kurs am 30.6.1999: **CHF 2960**	Kurs am 30. 6. 2000: **CHF 3325**
Höchst/Tiefst 2000:	**CHF 3376 / 2551**
Höchst/Tiefst 1999:	**CHF 3848 / 2807**

Der weltweit führende Rückversicherungskonzern (nicht im Lebensversicherungsgeschäft tätig) erzielte hohe Erträge aus dem Anlagevermögen. Viele Fondsmanager könnten sich davon eine Scheibe abschneiden. Die weitere Expansion im Lebenrückgeschäft und Übernahmen werden sich auch langfristig weiterhin positiv auswirken.

 Swiss Re ist ein Blue Chip und für den Zukunftswettbewerb *Tipp* bestens gerüstet.

Phonak Namen *Technik*

Valorennummer 306 503

Kurs am 30.6.1999: **CHF 2080**	Kurs am 30. 6. 2000: **CHF 4700**
Höchst/Tiefst 2000:	**CHF 4750 / 2660**
Höchst/Tiefst 1999:	**CHF 2150 / 1637**

Der schweizerische Hörgerätehersteller zählt weltweit zu den Branchenführern. Immer kleinere und vor allem voll digitalisierte

Geräte werden die bisherige Hörgerätegeneration ablösen. Sinnvolle Beteiligungen im Ausland in dieser krisensicheren Branche könnten die Führungsposition noch verstärken.

Tipp Der relativ enge Markt macht den Titel zu einem idealen Ergänzungswert in jedem Langzeitdepot.

Selecta Namen

Valorennummer 621 766

Kurs am 30. 6. 1999: **CHF 620**	Kurs am 30. 6. 2000: **CHF 506**
Höchst/Tiefst 2000:	**CHF 580 / 459**
Höchst/Tiefst 1999:	**CHF 641 / 361.50**

Diese Gesellschaft ist in Europa marktführend im Verpflegungsautomatengeschäft. Die zunehmende Automatenfreundlichkeit der jüngeren Generation wird automatisch zur guten Entwicklung beitragen. Die starke finanzielle Basis ermöglicht es, durch Zukäufe im Ausland die Führungsposition noch zu verstärken.

Tipp Ein Ergänzungswert als Beimischung für positiv denkende Anleger. Alle Aktien, die direkt oder indirekt mit Verpflegung zusammenhängen, bieten auch in unsicheren Zeiten einen guten Schutz gegen hohe Verluste.

Freizeit **Kuoni Namen**

Valorennummer 350 485

Kurs am 30. 6. 1999: **CHF 5995**	Kurs am 30. 6. 2000 (nach Splitt 1:10): **CHF 755**
Höchst/Tiefst 2000:	**CHF 970 / 678**
Höchst/Tiefst 1999:	**CHF 6500 / 5050**

Der bekannte Reiseveranstalter möchte weiter wachsen. Dazu wird ihm interessanterweise auch das Internet verhelfen. Nicht nur, weil über Internet alle Reisedestinationen ausgewählt und gebucht werden können, sondern vor allem, weil durch Internet unweigerlich in vielen Branchen die Arbeitsstunden noch massiv reduziert werden. Diese zusätzliche Freizeit macht Reisen noch attraktiver. Zudem werden Menschen aus vielen noch unterentwickelter Reisenationen wie Indien und China in absehbarer Zeit vermehrt als Touristen die Welt besuchen und den Reisemarkt noch mehr ankurbeln.

Tipp Die neue und von England weniger abhängige Expansionsstrategie von Kuoni macht diesen Ferientitel zum Zukunftswert reisefreudiger Nationen.

Risikostreuung auf verschiedene Branchen und Länder
Der schlaue Fuchs beschränkt seinen Speisezettel nicht auf das Angebot des Waldes, sondern holt sich seine Beute auch vom nahen Bauernhof oder aus den Abfalltonnen in der Stadt. Sicherheitshalber teilt auch der schlaue Anleger sein Aktienvermögen auf verschiedene Länder und Branchen auf. Dazu aber ist ein höheres Anlagevermögen und viel Erfahrung in der Vermögensverwaltung nötig. Kleinanleger und weniger erfahrene Investoren erreichen eine gute Diversifizierung durch den Kauf von Anteilen an Anlagefonds (siehe Seite 9). In einem ausgewogenen Portefeuille, das neben Aktien auch Obligationenanlagen enthält, empfiehlt der Beobachter-Geldexperte folgende Gewichtung der Länder und Branchen:

Schweiz	60 %	*Ländermix*
Europa	20 %	
USA	20 %	

Nahrungsmittel	15 %	*Branchenmix*
Telecom	15 %	
Banken	10 %	
Chemie	10 %	
Informationstechnologie	10 %	
Pharma	10 %	
Versicherungen	10 %	
Freizeit/Reisen	5 %	
Internet	5 %	
Investitionsgüter	5 %	
Energie	3 %	
Detailhandel	2 %	

Informationsquellen für Investoren

Der schlaue Fuchs erkundet bereits am Vortag die Situation auf den Bauernhöfen im Umkreis. Er will wissen, wo Hühner frei herumlaufen, damit er am nächsten Morgen vor der Konkurrenz dort sein kann.

Ungeübte Aktienanleger dagegen lesen erst gegen Mittag die Wirtschaftsseiten ihrer Tageszeitungen und geben dann bei der

Bank einen Börsenauftrag auf. Dieser Zeitpunkt ist mehr als ungeschickt. Erstens beginnt die Zürcher Börse SWX bereits um 09.00 Uhr, zweitens sind die wichtigen Informationen für Anlageentscheide schon seit Stunden oder bereits seit dem Vortag bekannt.

Der schlaue Anleger setzt seine Zeit für Abklärungen besser und vor allem früher ein. Er sucht aus den einschlägigen Internetdiensten die wichtigen Wirtschaftsdaten zusammen. Damit hat er einen Informationsvorsprung, der ausschlaggebend sein kann für einen Gewinn oder Verlust.

Börsenbriefe

Diese lange Zeit bei den Investoren beliebten Informationsquellen verlieren wegen der viel schnelleren und aktuelleren Informationen im Internet immer mehr an Bedeutung. Neben seriösen und fachlich qualifizierten Herausgebern gibt es auch einige schwarze Schafe, die Aktieneinsteiger viel Geld gekostet haben. Einigermassen bekannt sind in der Schweiz zurzeit noch folgende Anbieter:

- **Der Börsenkurier**
  Josef Wiesli, 9500 Wil; seit 1970, erscheint jeden Freitag
- **The Investor – Der St. Galler Börsenbrief**
  Straightline Investment AG, 9004 St. Gallen; erscheint wöchentlich

Tipp Investieren Sie nicht blindlings hohe Beträge in die Empfehlungen der Börsenbriefe!

Finanzinformationen aus dem Internet

Neben den vielen abonnierbaren Publikationen der Banken bietet das Internet die aktuelleren Informationen. Weltweite Echtzeitkurse, Charts, Firmeninformationen, Daten von Generalversammlungen und Dividendentermine sind leicht auffindbar. Wer gezielt die für ihn wichtigen Adressen unter «Bookmarks» speichert, spart viel Zeit und Nerven.

Finanz-Links Die grösste und aktuellste Anzahl von Finanz-Links findet sich auf der Homepage von **www.marktpirat.com** (siehe auch Seite 37). Bereits ab sechs Uhr morgens verbreitet hier Armando Guglielmetti, der ehemalige Börsensprecher der UBS, interessante News, Gerüchte und Prognosen. Viele wertvolle Informationen liefert diese

Homepage auch für Börseneinsteiger und Kurzzeitspekulanten. Schauen Sie einmal hinein, es könnte sich lohnen!

Interessante Informationen über Anlagefonds und Geldanlagen finden Sie zudem unter **www.bilanz.ch**, **www.cash.ch**, **www.finanzinfo.ch**.

Die Informationsfülle der Finanzdienste im Internet allerdings ist riesig und gerade Kleinanleger sind nicht selten überfordert mit News wie: «Knapp 20 000 deutsche Stahlarbeiter im Warnstreik / Franken gewinnt an Stärke / Couchepin zu vier aktuellen Stichworten: Bodenmann, Leukerbad, Sion 2006, Piccard / Ruhiger Obligationenhandel / Intel-Vergleich in Kartellrechtsstreit gebilligt / Olivetti nennt Details für Telecom Italia-Übernahme / Suche nach neuem WTO-Generaldirektor geht weiter / Wall Street schliesst schwächer – Dow unter 9900 ...» Wie soll man aus all den Angaben die wichtigen herausfiltern? Wie sie interpretieren?

Was an interessanten Informationen aus Internetdiensten herausgelesen werden kann und welche Schlüsse diese zulassen, zeigt das folgende Beispiel **www.swissquote.ch**. Dieser Internetdienst, der sich für Kleinanleger und «Börseler» bestens eignet, bietet via Konto- und Depotführung bei der Privatbank Rüd, Blass + Cie AG, Zürich, einen guten kostenlosen Informationsdienst mit Börsenkursen und weiteren wichtigen Finanznews.

Finanzinfos für Einsteiger

 Reduzieren Sie Risiken, indem Sie Internet-Börsenhandelsdienste mit Realtime-Abwicklung und zu Discountgebühren nur bei erstklassigen Adressen abwickeln. Nur wenn das Konto und Depot bei einer Bank auf Ihren Namen lautet, sind Sie im Konkursfall des Realtime-Anbieters weitgehend gegen Ärger und Verluste geschützt. Eine Übersicht aller Anbieter finden Sie im Anhang auf Seite 87.

Tipp

Zwischen 08.20 Uhr am 17. März und 06.57 Uhr am 18. März 1999 wurden in den Realtime-News von www.swissquote.ch gut 50 Informationen publiziert, wichtige und weniger wichtige; einige Rosinen daraus samt Kommentar:

Beispiel

Mittwoch, 17.3.1999
16:06 h Daimler Chrysler nimmt Brennstoffzellen-Auto ins Visier, Serienfertigung soll im Jahr 2004 möglich sein

→ Eine Meldung, die in New York schon einige Wochen bekannt ist und den Kurs kurzfristig kaum beeinflussen dürfte. Sollte sich das Brennstoffzellen-Auto in einigen Jahren zum Verkaufshit entwickeln, könnten Chrysler-Aktien ein langfristig interessantes Engagement für Investoren mit viel Geduld sein. Anderseits gibt's bis dann vielleicht schon neue Entwicklungen von anderen Firmen, was sich negativ auf die Chrysler-Aktien auswirken könnte.

18:59 h Schweizer Börse schliesst etwas fester
→ Auch wenn die Schweizer Börse fester geschlossen hat, bedeutet das noch lange nicht, dass sie am nächsten Tag wieder gut läuft. Es darf bei solchen Meldungen nie vergessen werden, dass die Börse in New York mit sechs Stunden zeitlicher Verzögerung abschliesst. Der Tendenz in New York kann sich die Schweizer Börse am nächsten Tag nur selten entziehen.

19:00 h Danone steigert Gewinn um 7,1 Prozent
→ Der bekannte italienische Nahrungsmittelkonzern wird positiv bewertet. Gut geeignet für eine Langzeitanlage, könnte auch eine interessante Euro-Fusion werden.

19:43 h Saurer litt unter massivem Einbruch im Textilbereich; Reingewinn und Umsatz 1998 deutlich tiefer
→ Aktie nicht für Kleinanleger geeignet, Branche kämpft mit grossen Absatzproblemen.

22:07 h Olivetti nennt Details für Telecom Italia-Übernahme
→ Wer auf eine Fusion spekuliert, muss bei Nicht-Zustandekommen mit einem Kursverlust rechnen.

22:59 h Wall Street schliesst schwächer – Dow unter 9900
→ Achtung, am Donnerstag Tendenz an der Schweizer Börse abwarten.

Donnerstag, 18. 3. 1999
06:57 h Rekordgewinn für Selecta
→ Eventuell gute Gelegenheit, diese Aktien für ein langfristiges Engagement zu kaufen.

Finanzdienst für Profis Ein Muss für aktive Investoren und professionelle Anleger ist der Internetdienst **www.quoteline.ch.** Er bietet unter anderem:

• Schweizer Realtime-Börsenkurse für Fr. 19.90 pro Monat
• Charts und Börsenkurse ohne zeitliche Verzögerung
• Diskussionsforen, Neuigkeiten und Links

- Möglichkeit, ein eigenes Portfolio mit Schweizer Aktien zu eröffnen
- Umfassende Informationen zu Aktien und Optionen mit aktuellen Bewertungen
- Jede Minute aktualisierte Devisenkurse, Aktienindizes und Edelmetallkurse

Newsgroups im Internet

In den Newsgroups werden täglich die aktuellsten Finanzinformationen diskutiert. Hier finden Sie Tausende von Beiträgen zum Thema Börse in englischer und deutscher Sprache. Die wichtigsten Adressen:

Englisch	alt.invest
	alt.invest.penny-stocks
	misc.invest.canada
	misc.invest.futures
	misc.invest.misc
	misc.invest.mutual-funds
	misc.invest.options
	misc.invest.stocks
	misc.invest.technical
Deutsch	de.etc.finanz
	de.etc.finanz.boerse

Tipp

Neueinsteiger müssen am nächsten Tag bereits über die wichtigen Informationen aus den Newsgroups verfügen. Solche Informationen sind genauso entscheidend für eine Kurzzeitspekulation wie für eine längerfristige Anlagedauer von fünf bis zehn Jahren.

Internet-Informationsfallen

Da erzählte doch der alte Fuchs dem jungen, der aus einem anderen Revier zugewandert war, dass der Jäger im Sommer nie vor neun Uhr früh unterwegs sei. Leichtgläubigkeit war das Ende des jungen Fuchses. Der alte Fuchs hatte darauf spekuliert und so sein Revier verteidigt.

Hunderttausende loggen sich täglich mehrmals in die Finanz-Chatrooms auf dem Internet ein, tauschen Gerüchte aus, hoffen auf Ratschläge von anderen Börsenteilnehmern, kommentieren Finanzinformationen und suchen vor allem den schnellen Börsengewinn. Es gibt unzählige Chatrooms, allgemein gehaltene oder solche zu einzelnen Gesellschaften. Im Forum unter www.swissquote.ch beispielsweise sind folgende zu erreichen:

Chatrooms auf www.swissquote

- ABB AG
- Adecco
- Alusuisse
- Bâloise
- Ciba SC
- Clariant
- Credit Suisse Group
- EMS Chemie

- Holderbank
- Nestlé
- Novartis
- Rentenanstalt
- Roche
- Rückversicherung
- SAirGroup
- SGS Surveillance

- Swatch Group
- Sulzer
- Swisscom
- UBS
- Zurich
- Other Swiss Shares
  SMI
  Other Swiss Shares

Doch auch Anlagegauner gehen mit der Zeit. Sie ködern heute nicht mehr mit Inseraten und hohen Renditeversprechungen in Tageszeitungen, sondern zocken geldgierige Spekulanten – und auch naive Investoren – mit neuen Methoden im Internet ab. In den Finanz-Chatrooms streuen sie raffiniert verpackte Gerüchte: Coca-Cola und Pepsi fusionieren, die CS heiratet die UBS, der Viagra-Hersteller Pfizer in den USA übernimmt Novartis... Alles Unsinn, doch ein paar Dumme springen immer auf den Gerüchtezug auf, damit er ihnen auch ja nicht vor der Nase abfahre. Und der Erfinder des Gerüchts amüsiert sich königlich über die Auswirkungen, die er auf seinem Reuter Online-Dienst fast unmittelbar verfolgen kann. Sein grosser Vorteil: Im Finanz-Chatroom bleibt jeder anonym. Wer würde auch hinter dem Kürzel «forward» die frustrierte Anlageberaterin einer Privatbank vermuten, hinter «Hunter» einen pensionierten Optionsspekulanten oder unter «Daisy» den Lehrling in einer Grossbank? Ist der Aktienkurs hoch genug gestiegen, verkaufen solche Spekulanten ihre Aktien und die an der Nase herumgeführten Anleger bleiben darauf sitzen.

Tipps Immer mehr Börsen-Chatroms entwickeln sich zum elektronischen Tummelplatz der kleinen und grossen Spekulanten. Zweifellos gibt es auch interessante Informationen von Insidern, doch die zu erkennen ist selbst für Profis nicht einfach.

 Anlagegauner wählen für ihre Spekulationen in der Regel Aktien und Optionen mit engen Märkten.

Internetservices der Banken

Die Banken setzen auf Internet und Online-Banking. Immer mehr Banken offerieren Echtzeit-Kursinformationen zu immer günstigeren Konditionen. Auch Börsenaufträge via Internet sind stark im Ansteigen, weil die Börsengebühren damit teils massiv reduziert werden können und die Auftragserteilung einfach, schnell und praktisch vor sich geht. Für den aktiven Aktienanleger oder den Tageshändler ist Online-Banking ein unentbehrliches Hilfsmittel – das Telefon hat ausgedient!

Für die Bankkunden ist es besonders interessant, sich das persönliche Wertschriftendepot über Internet einzurichten. Die Kurse werden aktuell nachgeführt und ersetzen immer mehr den traditionellen und meist kostenpflichtigen Monatsauszug. Der nötige Anschluss kann auf den Homepages der Banken bestellt und meist sehr einfach heruntergeladen werden. Gibt's Probleme, helfen die Hotlines der Banken weiter. Courtage-Berechnungsmodelle erlauben, selber die Gebühren für einen Auftrag über die Bank zu berechnen und beispielsweise mit den von einem Discountbroker verlangten Gebühren zu vergleichen. Das Angebot am Beispiel der ZKB (Preisänderungen vorbehalten):

- **Börsenkurse abfragen**
  Realtime-Börsenkurse zum Abonnementspreis von Fr. 110.– pro Semester oder Fr. 180.– pro Jahr.

  Angebot im Internet

- **Courtage sparen**
  Eine Übersicht über die Courtagen zeigt: Die Gebühren für Online-Börsenaufträge sind günstiger (siehe auch Seite 32).

- **Courtage-Berechnungstool**
  Nach der Angabe des gewünschten Titels und Auftragsvolumens wird die ZKB-Courtage für Online-Aufträge berechnet.

- **Individuelle Anlageportfolios**
  Eine Anlageberatungs-Software erlaubt, individuelle Anlagevorschläge auszuarbeiten.

- **Bankgeschäfte erledigen**
  Zahlungen erledigen, Daueraufträge erteilen etc. – sieben Tage die Woche rund um die Uhr.

- **Online-Banking-Vertrag anfordern**
  PC, Modem und ein Internetanschluss genügen fürs Online-Banking.

Anlagestrategien

Der schlaue Fuchs geht nicht wahllos auf die Pirsch. Er weiss aus langer Erfahrung, wo und wann Gefahren lauern und dass er im Schnee Spuren hinterlässt. Deshalb geht er im tiefen Schnee nur nachts auf die Jagd und verwischt seine Spuren in der Nähe der Höhle.

Genau so gezielt und informiert muss sich der Wertschriftenanleger sein Anlageziel und seine Anlagestrategie zurecht legen. Grob lassen sich Anlagen in zwei Gruppen unterteilen: kurzfristige Sparbeträge, die innert weniger Monate oder nach spätestens drei Jahren wieder zur Verfügung stehen müssen, und Vermögensanlagen mit längerfristigem Horizont von über drei Jahren Dauer. Der junge Familienvater, der sein Vermögen bald in einen Hauskauf investieren will, setzt sich andere Ziele als die 40-jährige Direktionsassistentin, die einen Teil ihres Ersparten fürs Alter anlegen will.

Kurzzeitanlagen bis drei Jahre

Je kurzfristiger Sie Ihr Geld anlegen wollen, desto höher sollte in Ihrem Portefeuille der Anteil am Geldmarkt (Money Market Funds und Festgeldanlagen, Laufzeiten ab drei Monaten) und der Obligationenanteil (Laufzeiten bis drei Jahre) sein, weil damit Kursschwankungen praktisch ausgeschlossen werden können. Das zurzeit allgemein tiefe Zinsniveau wirkt sich allerdings auch auf die Zinssätze von kurzfristigen Anlagen negativ aus. Kurzfristige Aktienanlagen aber sind immer mit erhöhten Risiken verbunden und daher nicht geeignet, Vermögen bloss zu «parkieren» beispielsweise bis zu einer grösseren Anschaffung. In Zeiten tiefer Zinsen kann deshalb das Sparkonto für kurzfristige Anlagen durchaus eine Alternative sein – die zudem kostenfrei ist, wenn der Betrag auf den gewünschten Termin rechtzeitig wieder gekündigt wird.

Geldmarktanlagen / Money Market Funds
Für kurzfristige Anlagen eignen sich vorzugsweise Money Market Funds (MMF), die bei den Banken in allen Währungen erhältlich sind. Dabei handelt es sich um eine Art Festgeldanlage in Beträgen ab Fr. 5000.–, die jederzeit wieder veräussert werden kann. Beim Kauf von Money Market Funds erheben die Banken

eine Kommission, die von der Anlagehöhe abhängig ist. Die Zürcher Kantonalbank beispielsweise verlangt beim Kauf von Swissca-Geldmarktfonds eine einmalige Gebühr von:

0,4 % bis Fr. 50 000.–
0,3 % bis Fr. 100 000.–
0,2 % bis Fr. 1 000 000.–

Weniger empfehlenswert ist eine kurzfristige Anlage in Obligationen, denn die Börsenkommissionen beim Kauf und Verkauf schmälern die Rendite auf kurze Anlagedauern empfindlich.

Währung	Richtwert
US$	5,4 %
EURO	2,7 %
CHF	1,3 %

Renditenrichtwerte von ZKB-MM-Funds (per 30. 6. 2000)

Die Renditen bei den einzelnen Banken können leicht von den obigen Richtwerten abweichen. Zwar fällt die Rendite auf Fremdwährungsanlagen generell höher aus, doch ist das Kursrisiko nicht zu unterschätzen. Auch die Kursdifferenz zwischen Kauf und Verkauf einer Währung schmälert die Rendite.

Ankauf	Verkauf	Differenz
CHF 1.5406	CHF 1.5736	CHF –.0330 = 2,10 %

Differenz Kauf/Verkauf am Beispiel Euro (Kurs: 30. 6. 2000)

 Beim heutigen tiefen Zinsniveau für kurzfristige Anlagen reduzieren die verhältnismässig hohen Kommissionen die Rendite empfindlich.

Tipp

Langfristige Anlagen ab drei Jahren

Für Anleger, die mit ihrem Geld längerfristig planen können, steht die ganze breite Palette von Anlagemöglichkeiten zur Verfügung: Aktien, Obligationen, Anlagefonds in unterschiedlichster Zusammensetzung. Welche Kombination Sie wählen, hängt neben Ihren Einkommens- und Vermögensverhältnissen und Ihrem Alter vor allem von Ihrer Risikobereitschaft ab. Für Einsteiger empfiehlt es sich, hauptsächlich in Anlagezielfonds zu investieren. Im breiten Angebot der verschiedenen Banken findet sich für jede Vermögensgrösse, Anlagedauer und Risikostufe eine Vielzahl von Möglichkeiten. Versiertere und risikofreudigere Anleger können neben Anlagefonds auch direkt in ausgewählte Aktien investieren.

Im Folgenden werden die verschiedenen Anlagestrategien am Beispiel der Fondspalette der Zürcher Kantonalbank dargestellt. Ähnliche Produkte sind aber auch bei anderen Banken, bei Versicherungs- und Finanzgesellschaften zu haben. Im ersten Beispiel werden alle wichtigen Fondsdaten im Detail aufgeführt; für die anderen Fonds gelten dieselben Konditionen.

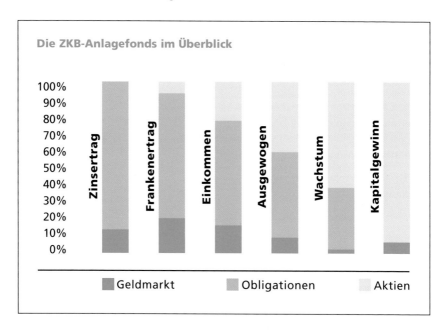

Sehr konservative Anlagestrategie

Fonds mit Schwergewicht auf Zinsertrag eignen sich für sehr vorsichtige Füchse, die sich nicht aus dem sicheren Revier wagen – und für Anleger, die ein Vermögen von Fr. 20 000.– bis 50 000.– zeitgemäss und sicher aufbauen wollen. Solche Fonds investieren weltweit ausschliesslich in verzinsliche Anlagen (Obligationen) erstklassiger Schuldner und sind keinerlei Aktienkursschwankungen ausgesetzt. Im Vordergrund steht die Erzielung eines regelmässigen Zinsertrags mit einem tragbaren Fremdwährungsrisiko (bei einem reinen Franken-Obligationenfonds würde die Rendite unter der Zielrendite der ZKB von 4,5 % liegen).

	Tiefst	Höchst	Gesamterfolg (inkl. Ausschüttung) in CHF	in %
1996	1033.–	1162.–	134.–	12,97
1997	1112.–	1172.–	48.–	4,28
1998	1121.–	1191.–	67.–	5,97
1999	1112.–	1183.–	7.–	0,61
1. 1. – 30. 6. 2000	1100.–	1122.–	-11.–	-0,99

ZKB-Anlagefonds «Zinsertrag» – Obligationen international

Der ZKB-Fonds «Zinsertrag» ist geeignet für vorsichtige Anleger mit einem Anlegehorizont von mindestens 3 Jahren, welche:
- grossen Wert auf Sicherheit legen,
- die Kursschwankungen möglichst gering halten möchten,
- an einem regelmässigen Einkommen interessiert sind,
- die reale Kapitalerhaltung als vorrangig betrachten,
- einen höheren Ertrag erzielen möchten, als mit selber ausgewählten Obligationenanlagen in Franken und fremden Währungen.

Anlegerprofil

Valorennummer	237 924
Domizil	Schweiz
Lancierung per 21. 7. 1994	
Referenzwährung	CHF (Fondsvermögen zu über 50 % in CHF angelegt)
Geldkurs/Kaufkurs per 30. 6. 2000	CHF 1108.–
Geldkurs/Kaufkurs per 30. 6. 1999	CHF 1153.–
Briefkurs/Verkaufskurs per 30. 6. 2000	CHF 1106.–
Briefkurs/Verkaufskurs per 30. 6. 1999	CHF 1158.–
Briefkurs per 30. 12. 1999	CHF 1117.–
Briefkurs per 30. 6. 2000	CHF 1117.–
Zielrendite	4,5 % pro Jahr
Betrag letzte Ausschüttung	CHF 38.–

Die wichtigsten Fondsdaten

Fondsvolumen	CHF 1177 Mio.
Anzahl Anteile im Umlauf	1 074 000
Jahresabschluss jeweils per	30. 9.
Berechnung Inventarwert (Wert der Anteile zum aktuellen Kurs)	täglich
Valuta (Dauer bis Gutschrift)	+ 3 Bankwerktage
Pauschalgebühr	0,20 % pro Quartal, 0,80 % im Jahr
Courtage	0,30 %, bei Kauf und Verkauf
Eidgenössische Umsatzabgabe	0,075 %

Vermögensaufteilung nach Währungen

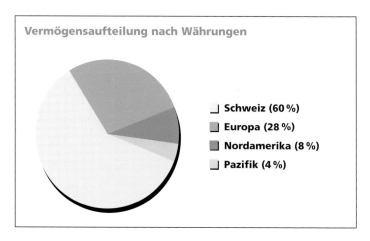

⬜ **Schweiz (60 %)**

⬛ **Europa (28 %)**

⬛ **Nordamerika (8 %)**

⬜ **Pazifik (4 %)**

Vermögensaufteilung nach Segmenten

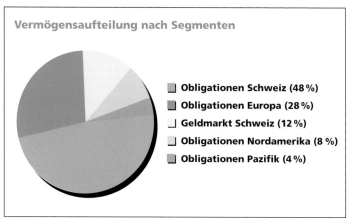

⬛ **Obligationen Schweiz (48 %)**

⬛ **Obligationen Europa (28 %)**

⬜ **Geldmarkt Schweiz (12 %)**

⬜ **Obligationen Nordamerika (8 %)**

⬛ **Obligationen Pazifik (4 %)**

*Die Grafik zeigt, wie das Fondsvermögen innerhalb der Währungsauftei-
lung angelegt ist.*

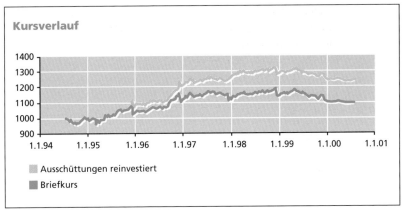

Kursverlauf

Ausschüttungen reinvestiert
Briefkurs

Die Grafik zeigt, wie der Kurs effektiv verlaufen ist (Briefkurs) und wie der Kurs verlaufen wäre, wenn die Erträge nicht ausgeschüttet, sondern sofort wieder investiert worden wären (Thesaurierungsfonds, Bezeichnung B, siehe Seite 10).

Das Rechnungsjahr des ZKB-Fonds «Zinsertrag» dauert vom 1. Oktober bis zum 30. September des darauf folgenden Jahres. Die Ertragsausschüttung findet jeweils im Dezember statt. Die letzte Ausschüttung des ZKB-Fonds «Zinsertrag» betrug CHF 38.– und wurde per 6. Dezember 1999 vorgenommen.

Ausschüttung

Die Ertragsausschüttung des ZKB-Fonds «Zinsertrag» ist einkommenssteuerpflichtig und unterliegt der eidgenössischen Verrechnungssteuer (35 %). Diese kann vom Anleger mit der Steuererklärung zurückgefordert werden.

Besteuerung

 Zinsertrag-Fonds sind richtig, wenn Ihr Geld nicht so schnell, dafür mit allen Sicherheiten einen soliden Ertrag erarbeiten soll.

Tipp

Konservative Anlagestrategie

Für vorsichtige Füchse, die gelegentlich die Nase in den Wind ausserhalb des sicheren Reviers halten wollen, eignet sich ein Fonds mit einem geringen Aktienanteil. Mit dem ZKB-Fonds «Frankenertrag» – und ähnlichen Fonds anderer Banken – wurde ein Instrument geschaffen, das sich optimal für Investorinnen und Investoren eignet, die eine ansprechende Rendite erzielen, das Risiko aber auf ein absolutes Minimum beschränken wollen. Der Anlagezielfonds «Frankenertrag» erfüllt diese sich scheinbar widersprechenden Anforderungen dank seiner speziellen Zusammensetzung: Ein hoher Anteil an erstklassigen Schweizer Obligationen minimiert das Währungsrisiko, während ein kleiner Anteil an Aktien und Fremdwährungsobligationen die Performance (Rendite) des Portfolios erhöht.

ZKB-Anlagefonds «Frankenertrag» mit geringem Aktienanteil	Tiefst	Höchst	Gesamterfolg (inkl. Ausschüttung) in CHF	in %
1997 (ab 16. 4.)	1002.–	1021.–	19.–	1,90
1998	1014.–	1060.–	48.–	4,73
1999	1023.–	1061.–	11.–	1,10
1. 1. – 30. 6. 2000*	1016.–	1029.–	-10.–	-0,94

*Kurszuwachs 2000 ohne Ausschüttung, Ausschüttung im Dezember.

Anlegerprofil Der ZKB-Fonds «Frankenertrag» mit der Valorennummer 583 328 und einer Zielrendite von 4,4 % pro Jahr eignet sich besonders für Anleger mit einem Anlegeziel von mindestens 2 Jahren, welche:
• grossen Wert auf Sicherheit legen,
• die Kursschwankungen möglichst gering halten möchten,
• an einem regelmässigen Einkommen interessiert sind,
• das Fremdwährungsrisiko gering halten, jedoch den Ertrag durch einen sehr kleinen Aktienanteil optimieren wollen.

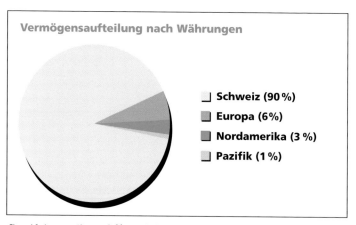

Vermögensaufteilung nach Währungen

◻ **Schweiz (90 %)**
◼ **Europa (6%)**
◼ **Nordamerika (3 %)**
◻ **Pazifik (1 %)**

Der Aktienanteil von 8 % wird durch den hohen Frankenanteil mehr als ausgeglichen.

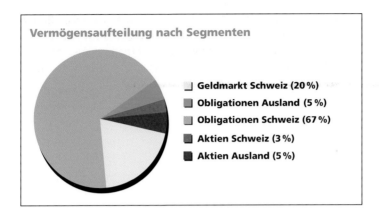

Vermögensaufteilung nach Segmenten

☐ **Geldmarkt Schweiz (20 %)**
■ **Obligationen Ausland (5 %)**
■ **Obligationen Schweiz (67 %)**
■ **Aktien Schweiz (3 %)**
■ **Aktien Ausland (5 %)**

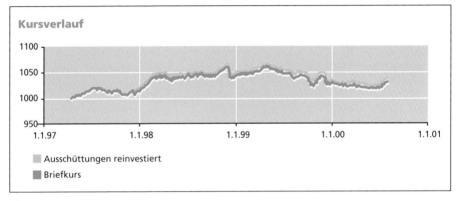

Kursverlauf

■ Ausschüttungen reinvestiert
■ Briefkurs

Diese Art von Anlagefonds dürfte ideal sein für alle vor- *Tipp*
sichtigen Anleger, da der geringe Aktienanteil ab einem
Vermögen von Fr. 30 000.– mittel- bis langfristig mehr Vorteile
bietet als ein reiner Obligationenfonds. Auch für pensionierte
Investoren eine ideale Anlagemischung.

Anlagestrategie mit geringem Risiko

Der schlaue Fuchs lehrt seinen Nachwuchs, dass sich ein
geringes und kalkulierbares Risiko im Leben lohnt. Damit meint er,
man brauche nicht auf das Huhn zu verzichten, nur weil der Jäger
gestern in der Nähe war. Der ZKB-Fonds «Einkommen» ist darum
richtig, wenn Sie es neben regelmässigem Zinsertrag auch auf
einen Kursgewinn abgesehen haben. Der Fonds besteht zu etwa
vier Fünfteln aus verzinslichen Obligationen und zu rund einem
Fünftel aus Aktien. Da er hauptsächlich in CHF-Anlagen investiert
und weltweite Titel in verschiedenen Währungen nur dosiert bei-

mischt, bleibt das Risiko in einem engen Rahmen. Wer in einen Einkommen-Fonds einsteigt, hat das Ziel, einen längerfristig höheren Ertrag mit nur wenig Risiko zu erreichen.

ZKB-Anlagefonds «Einkommen»	Tiefst	Höchst	Gesamterfolg (inkl. Ausschüttung)	
			in CHF	in %
1996	1044.–	1145.–	107.–	10,25
1997	1111.–	1225.–	98.–	8,79
1998	1181.–	1265.–	82.–	6,94
1999	1219.–	1282.–	54.–	4,37
1. 1. – 30. 6. 2000*	1246.–	1268.–	-17.–	-1,36

*Kurszuwachs 2000 ohne Ausschüttung, Ausschüttung im Dezember.

Anlegerprofil Der ZKB-Fonds «Einkommen» (Valorennummer 237 926, Zielrendite 5,3 % pro Jahr) eignet sich besonders für Anleger mit einem Anlegehorizont von mindestens 5 Jahren, welche:
• sich die höheren Ertragschancen der Aktien nicht völlig entgehen lassen wollen,
• trotz Aktien nur ein beschränktes Risiko eingehen möchten,
• die Kursschwankungen gering halten möchten,
• an einem regelmässigen Einkommen interessiert sind.

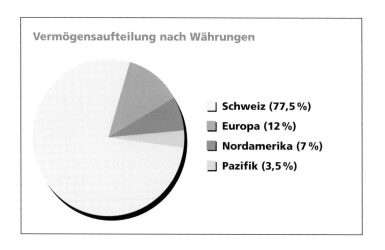

Vermögensaufteilung nach Währungen

⌐ Schweiz (77,5 %)
■ Europa (12 %)
■ Nordamerika (7 %)
⌐ Pazifik (3,5 %)

58

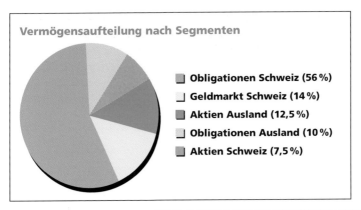

Vermögensaufteilung nach Segmenten

- ☐ Obligationen Schweiz (56 %)
- ☐ Geldmarkt Schweiz (14 %)
- ☐ Aktien Ausland (12,5 %)
- ☐ Obligationen Ausland (10 %)
- ☐ Aktien Schweiz (7,5 %)

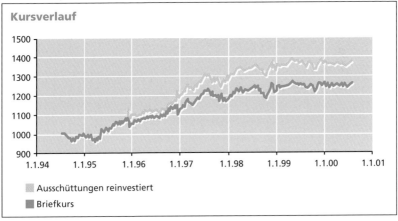

Kursverlauf

☐ Ausschüttungen reinvestiert
☐ Briefkurs

 Mit seinen 20 % Aktien und einem Frankenanteil von 60 % ist   *Tipp*
der ZKB-Einkommensfonds langfristig für ein Anlagevermögen ab Fr. 50 000.– eine empfehlenswerte Lösung. Auch für
Vorsorgesparer ist immer der richtige Zeitpunkt zum Einstieg
in einen solchen Fonds. Abwarten und auf bessere Zeiten
warten ist die falsche Entscheidung.

Längerfristige
Anlagestrategie mit ausgewogenem Risiko
Obwohl sich der schlaue Fuchs mit dieser Strategie weiter in
unbekanntes Gebiet wagt, bleibt er auf der sicheren Seite. Wenn er
sich geschickt verhält, wird er trotz des Risikos höchstwahrschein-
lich fette Beute machen – und auch dem Anleger mit 40 % Aktien
und 60 % Obligationen dürfte langfristig der Erfolg winken. Bei
Ausgewogen-Fonds legen Sie Ihr Geld praktisch zu gleichen Teilen

in Aktien und verzinslichen Titeln an. Solche Fonds sind richtig, wenn Sie Ihr Geld für mindestens fünf Jahre anlegen können und sich vom kurzfristigen Auf und Ab der Kurse nicht schrecken lassen. Einerseits bauen Sie damit auf den sicheren Ertrag von Obligationen, anderseits lockt die Aussicht auf steuerfreie Aktienkursgewinne.

ZKB-Anlagefonds
«Ausgewogen»
(balanced)

	Tiefst	Höchst	Gesamterfolg (inkl. Ausschüttung)	
			in CHF	in %
1997	1179.–	1373.–	155.–	13,08
1998	1286.–	1470.–	115.–	8,75
1999	1401.–	1544.–	152.–	10,79
1. 1. – 30. 6. 2000*	1499.–	1553.–	-17.–	-1,12

*Kurszuwachs 2000 ohne Ausschüttung, Ausschüttung im Dezember.

Anlegerprofil Der ZKB-Fonds «Ausgewogen» (Valorennummer 237 927, Zielrendite 6,5 % pro Jahr) eignet sich besonders für Anleger mit einem Anlegehorizont von mindestens 6 Jahren, welche:
• auf einen dominierenden Aktienanteil verzichten wollen,
• mit Kursschwankungen leben können,
• eine optimale Risikoverteilung anstreben,
• auf die höheren Ertragschancen der Aktien bauen und trotzdem die Stabilität der Obligationen nicht missen wollen.

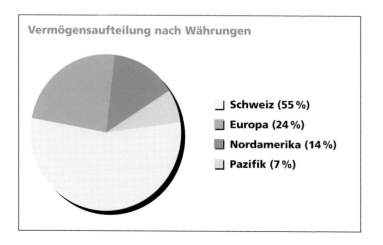

Vermögensaufteilung nach Währungen

⌐ Schweiz (55 %)
■ Europa (24 %)
■ Nordamerika (14 %)
⌐ Pazifik (7 %)

60

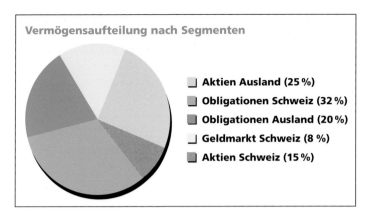

Vermögensaufteilung nach Segmenten

☐ **Aktien Ausland (25 %)**
☐ **Obligationen Schweiz (32 %)**
☐ **Obligationen Ausland (20 %)**
☐ **Geldmarkt Schweiz (8 %)**
☐ **Aktien Schweiz (15 %)**

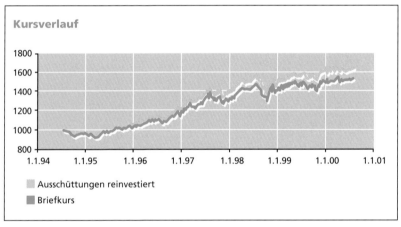

Kursverlauf

Ausschüttungen reinvestiert
Briefkurs

Ausgewogene Anlagefonds mit 40 bis 50 % Aktienanteil ge-   *Tipp*
hören in Wertschriftendepots ab Fr. 100 000.– und ab mindestens fünf Jahren Anlageziel.

Längerfristige Anlagestrategie mit höherem Risiko
Hier wagt sich der schlaue Fuchs noch weiter aus seinem
Revier, ist sich aber bewusst, dass er auch tatsächlich ein höheres
Risiko eingeht – er könnte dem Jäger vor die Flinte laufen. Genau
diese Überlegungen macht sich auch der Anleger, wenn er einem
Fonds mit 60 % Aktienanteil den Vorzug gibt gegenüber einem
Fonds mit 40 % Aktien. Denn mit 20 % mehr Aktien ist auch
ein entsprechend grösseres Risiko verbunden. Wachstumsfonds
eignen sich für risikobereite Anleger, die eine hohe Rendite anstre-
ben. Entsprechend hoch ist der Aktienanteil; der Obligationenan-

teil von 40 % hält das Risiko jedoch in Grenzen. Mit einer Zielrendite von 7,70 % im Jahr haben die Manager des ZKB-Fonds «Wachstum» ein ehrgeiziges Ziel gesetzt.

ZKB-Anlagefonds
«Wachstum»

	Tiefst	Höchst	Kurszuwachs	
			in CHF	in %
1999 (7 Monate)*	958.–	1091.–	89.–	8,80
1. 6. 99 – 30. 6. 2000	958.–	1106.–	-10.–	-0.92

Dieser Fonds wird erst seit dem 1. Juni 1999 angeboten.

Anlegerprofil

Der ZKB-Anlagefonds «Wachstum» mit der Valorennummer 504 078, der seit dem 1. Juni 1999 angeboten wird, eignet sich besonders für Anleger mit einem Anlegehorizont von mindestens 8 Jahren, welche

• mit deutlichen Kursschwankungen leben können,
• auf die höheren Ertragschancen der Aktien bauen, die Stabilität der Obligationen aber nicht ganz missen wollen,
• längerfristig an einem hohen Kapitalwachstum interessiert sind.

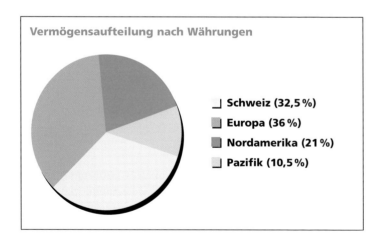

Vermögensaufteilung nach Währungen

Schweiz (32,5 %)
Europa (36 %)
Nordamerika (21 %)
Pazifik (10,5 %)

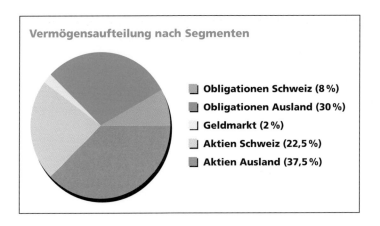

Vermögensaufteilung nach Segmenten

- Obligationen Schweiz (8 %)
- Obligationen Ausland (30 %)
- Geldmarkt (2 %)
- Aktien Schweiz (22,5 %)
- Aktien Ausland (37,5 %)

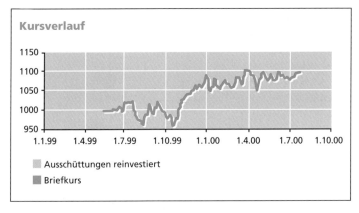

Kursverlauf

1150
1100
1050
1000
950

1.1.99   1.4.99   1.7.99   1.10.99   1.1.00   1.4.00   1.7.00   1.10.00

- Ausschüttungen reinvestiert
- Briefkurs

 Für risikobewusste Langzeitanleger eine interessante Alternative zu allen anderen Fondsangeboten auf dem Markt.   *Tipp*

Anlageziel: Kapitalgewinn

Der schlaue Fuchs riskiert für eine besonders fette Beute nicht gerade Kopf und Kragen, ist aber bereit, ein hohes Risiko einzugehen. Für den Anleger gilt hier: Je höher die Rendite und der Kursgewinn, desto höher unweigerlich die Risiken. Der Fonds «Kapitalgewinn» (seit Juni 1999 mit einem Aktienanteil von 95 %) ist richtig, wenn Sie mit Ihrem Kapital nur ein Ziel vor Augen haben: Gewinn. Solche Fonds investieren zum grössten Teil in solide Aktien, die jedoch den üblichen Kursrisiken unterliegen. In Anbetracht der soliden Gesellschaften können die Risiken als tragbar bezeichnet werden. Solche Fonds versprechen trotz grösseren Kursschwankungen längerfristig die höchsten Gewinnchancen. In turbulenten Börsenzeiten mit hohen Kursschwankungen sind sie jedoch stärker betroffen als Fonds mit höherem Obligationenanteil.

ZKB-Anlagefonds
«Kapitalgewinn»

	Tiefst	Höchst	Gesamterfolg (inkl. Ausschüttung)	
			in CHF	in %
1996	1012.–	1245.–	245.–	24,16
1997	1229.–	1648.–	352.–	28,39
1998	1461.–	1937.–	191.–	12,0
1999	1752.–	2282.–	499.–	27,99
1. 1. – 30. 6. 2000*	2144.–	2334.–	-11.–	-0,46

Kurszuwachs 2000 ohne Ausschüttung, Ausschüttung im Dezember.

Anlegerprofil   Der ZKB-Kapitalgewinn-Fonds mit der Valorennummer 277 951 und einer Zielrendite von 9,3 % pro Jahr eignet sich besonders für Anleger mit einem Anlegehorizont von mindestens 10 Jahren, welche:

• längerfristig an einem hohen Kapitalwachstum interessiert sind,
• gezielt an der Entwicklung der internationalen Aktienmärkte teilhaben wollen,
• mit grösseren Kursschwankungen leben können,
• eine optimale Risikoverteilung anstreben.

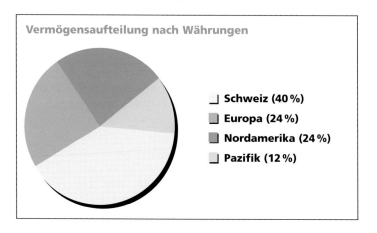

Vermögensaufteilung nach Währungen

◻ Schweiz (40 %)
◼ Europa (24 %)
◼ Nordamerika (24 %)
◻ Pazifik (12 %)

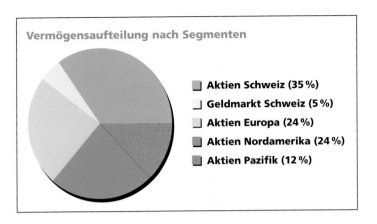

Vermögensaufteilung nach Segmenten

- Aktien Schweiz (35 %)
- Geldmarkt Schweiz (5 %)
- Aktien Europa (24 %)
- Aktien Nordamerika (24 %)
- Aktien Pazifik (12 %)

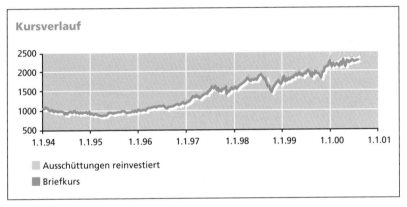

Kursverlauf

Ausschüttungen reinvestiert
Briefkurs

Je kürzer die Anlagedauer, desto spekulativer die Anlage. Ein *Tipp* Aktienanteil ab 80 % gehört bereits in den roten Risikobereich. Solche Aktienfonds eignen sich darum als Beimischung zu anderen Anlagen ab einem Vermögen von Fr. 100 000.– oder speziell für junge und gut verdienende Anleger mit langfristigem Anlageziel.

Musterdepots mit Anlagefonds

Trotz der vielen Informationen sind Investorinnen und Investoren bei der richtigen Auswahl von Anlagefonds und Wertpapieren schnell einmal überfordert, da ihnen die Zeit oder das Interesse fehlt, sich in die nicht einfache Materie zu vertiefen. Die nachstehenden Musterdepots sollen schematisch aufzeigen, wie ein Wertschriftenportefeuille zusammengestellt werden könnte. Das Geld im Depot dient dem Vermögensaufbau; daneben sollten Sie natürlich immer auch eine individuelle Reserve für Unvorhergesehenes auf einem Privatkonto zur Verfügung halten. Vergessen Sie zudem auch nicht die steuerlich interessanten Säulen 3a und 3b (siehe Beobachter-Broschüre «Erfolgreiche Vorsorge- und Vermögensverwaltung»).

Sehr konservativer Anleger

Hans Vorsicht, 45-jährig, verheiratet, Kinder; unselbständig Erwerbender, Einkommen: Fr. 60 000.–
Vermögen: Fr. 30 000.–
Vermögensaufteilung:

Fr. 10 000.–	Privatkonto	33 %
Fr. 20 000.–	ZKB-Anlagefonds «Zinsertrag»	
	(0 % Aktien)	67 %

Konservativer Anleger

Werner Weitsicht, 50-jährig, verheiratet, Kinder; unselbständig Erwerbender, Einkommen: Fr. 80 000.–
Vermögen: Fr. 130 000.–
Vermögensaufteilung:

Fr. 10 000.–	Privatkonto	8 %
Fr. 120 000.–	ZKB–Anlagefonds «Frankenertrag»	
	(8 % Aktien)	92 %

Ausgewogener Anleger

Karl Zuversicht, 40-jährig, verheiratet, Kinder; unselbständig Erwerbender, Einkommen: Fr. 120 000.–
Vermögen: Fr. 180 000.–
Vermögensaufteilung

Fr. 15 000.–	Privatkonto	8 %
Fr. 50 000.–	ZKB-Anlagefonds «Frankenertrag»	
	(8 % Aktien)	28 %
Fr. 115 000.–	ZKB-Anlagefonds «Ausgewogen»	
	(40 % Aktien)	64 %

Dynamischer Anleger

Kurt Absicht, 35-jährig, ledig; selbständig Erwerbender, Einkommen: Fr. 90 000.–
Vermögen: Fr. 130 000.–
Vermögensaufteilung:

Fr. 10 000.–	Privatkonto	8 %
Fr. 50 000.–	ZKB-Anlagefonds «Wachstum»	
	(60 % Aktien)	38 %

Fr. 50 000.–	ZKB-Anlagefonds «Kapitalgewinn»	
	(95 % Aktien)	38 %
Fr. 20 000.–	Aktien Nestlé	16 %

Walter Grosswicht, 40-jährig, ledig;
unselbständig Erwerbender, Einkommen: Fr. 180 000.–
Vermögen: Fr. 300 000.–
Vermögensaufteilung:

Spekulativer Anleger

Fr. 100 000.–	ZKB-Anlagefonds «Kapitalgewinn»	
	(95 % Aktien)	33 %
Fr. 150 000.–	Bank-, Pharma- und	
	Versicherungsaktien	50 %
Fr. 30 000.–	Aktien Swisscom	10 %
Fr. 20 000.–	Optionen* auf Rückversicherung	
	(RUKKA, Valor 805 911) und Pfizer	
	(PFIZE, Valor 373 247)	7 %

* Der Käufer einer Option erwirbt gegen Zahlung des Optionspreises das Recht, eine festgesetzte Menge (Kontraktgrösse) eines bestimmten Gutes (Basiswert, zum Beispiel eine Aktie) an oder bis zu einem im Voraus festgesetzten Zeitpunkt (Verfalltermin) zu einem im Voraus abgemachten Preis (Ausübungspreis) zu kaufen (Call) oder zu verkaufen (Put). Mehr zum Thema Optionen findet sich in der Beobachter-Broschüre «Tu was für Dein Geld – spekuliere!».

Ernst Spekuwicht, 30-jährig, ledig;
unselbständig Erwerbender, Einkommen: Fr. 100 000.–
Vermögen: Fr. 50 000.–
Vermögensaufteilung:

Sehr spekulativer «Anleger»

Fr. 10 000.–	Privatkonto	20 %
Fr. 20 000.–	Aktien Hightech-Branchen	40 %
Fr. 20 000.–	Diverse Optionskontrakte	40 %

Welche Fonds passen zu meinem Anlegertyp?

Wenn Sie sich über Ihr Anlageziel und Ihre persönliche Risikobereitschaft im Klaren sind, können Sie sich – ob Sie nun einzelne Fonds auswählen oder die Fondszusammensetzung Ihres Fondssparplans festlegen wollen – in etwa an die Angaben in der unten stehenden Tabelle halten. Passen Sie die Anteile allenfalls gemäss Ihren persönlichen Bedürfnissen nach unten oder oben an.

Anlegertyp	Fonds	Anteil in %
A: sehr konservativ	Geldmarktfonds Obligationenfonds Aktienfonds	60 40 –
B: konservativ	Geldmarktfonds Obligationenfonds Aktienfonds	20 60 20
C: ausgewogen	Geldmarktfonds Obligationenfonds Aktienfonds	20 40 40
D: dynamisch	Geldmarktfonds Obligationenfonds Aktienfonds	15 15 70
E: sehr spekulativ	Aktien, Optionen und Indexfonds	100

Anlegertyp und Fondsauswahl

Vermögen verwalten lassen

Wollen Sie sich trotz aller Anlagekenntnisse von der Vermögensverwaltung entlasten und Ihr Vermögen (ab mindestens Fr. 250 000.–) professionell verwalten lassen, bieten sich Ihnen neben Banken auch Treuhänder, private Vermögensverwalter oder Allfinanzgesellschaften an. Nicht alle sind gleich gut qualifiziert und nicht alle sind in erster Linie auf Ihr Wohl bedacht. Um nicht teures Lehrgeld zu zahlen, sollten Sie deshalb, bevor Sie ein Vermögensverwaltungsmandat erteilen, auf folgende Punkte achten:

Achten Sie auf diese Punkte

• Unterzeichnen Sie keinen Verwaltungsvertrag, ohne diesen peinlich genau durchzulesen und sicherzustellen, dass Sie ihn auch wirklich verstehen. Lassen Sie sich unklare Passagen erklären.

• Verwaltungsmandate sollten ohne Kündigungsfrist jederzeit widerrufbar sein.

• Geben Sie Ihrem Vermögensverwalter klare Instruktionen und legen Sie vor allem die Risikostufe fest.

• Mit Anlagen in Portfoliofonds fahren Sie meist günstiger als mit direkten Aktienanlagen. Die Verwaltungskommissionen und Gebühren liegen um einiges tiefer, nämlich zwischen 0,25 bis 3 %.

- Wird als Kommission eine Gewinnbeteiligung verlangt, riskieren Sie, dass der Berater Ihr Geld möglichst spekulativ anlegt, um sich an hohen Kursgewinnen beteiligen zu können.

- Anlagen in Einzelaktien können die Gefahr bergen, dass Ihr Geld nicht mit langfristigen Überlegungen investiert, sondern zwecks Kommissionenerzeugung möglichst oft umgesetzt wird – ein beliebtes Instrument besonders bei Allfinanzgesellschaften mit Verwaltungsmandaten.

- Vorzugsweise erteilen Sie eine Verwaltungsvollmacht an Ihre Bank oder an ein Mitglied des Verbands Schweizerischer Vermögensverwalter (VSV, Südstrasse 11, 8008 Zürich). Verlangen Sie dort bei Bedarf eine Mitgliederliste. Die Mitglieder haben sich in einem Ehrenkodex zur Einhaltung der Verbandsrichtlinien und zu hoher beruflicher Ethik verpflichtet.

 Wer bei seiner Bank eine Verwaltungsvollmacht mit klar formulierten Anlageinstruktionen unterzeichnet, geht das geringste Risiko ein.   *Tipp*

Was tun bei Streit mit der Bank?

Kommt es im Zusammenhang mit der Vermögensverwaltung oder einem Börsenauftrag zu Uneinigkeiten mit der Bank, lohnt es sich in der Regel – wenn die Sachlage nicht eindeutig zu Ihren Gunsten spricht –, einen für beide Seiten annehmbaren Kompromiss einzugehen. Eine gute Anlaufstelle ist der Bankenombudsman, der Ihnen die Sachlage näher erklären und auch Ihre Chancen nennen kann. Einen allfälligen Fehlentscheid der Bank kann der Bankenombudsman im Interesse des Kunden rückgängig machen. Bevor Sie einen Anwalt einschalten, sollten Sie ihn deshalb auf jeden Fall konsultieren. Und denken Sie daran: Streitigkeiten um wenige Franken Differenz bei Spesen, Börsenkäufen etc. sind den zeitlichen Aufwand und den Verschleiss an Nerven kaum wert. Ein typisches Beispiel aus der Praxis des Beobachter-Geldexperten:

Kunde F. erteilte seiner Bank – einer kleinen Filiale auf dem Land – telefonisch den Auftrag, 10 000 Optionen der Gesellschaft X zum Preis von Fr. –.80 zu kaufen. Gleichentags bestätigte die Bank telefonisch die Ausführung, allerdings nur mit 5000 Stück. Der Anleger verkaufte die 5000 Optionen bereits am nächsten Freitag zu Fr. 1.80 pro Stück. Am Sonntag ordnete er seine Börsenabrechnungen der letzten Tage und stellte überrascht fest, dass die Bank ihm   *Beispiel* entgegen der tieferen Ausführungsbestätigung 10 000 Optionen gekauft hatte. Glücklicherweise stieg der Kurs am Montag sogar auf Fr. 2.50 und der Lucky Rider verkaufte die restliche Position nochmals mit einem saftigen Gewinn. Was aber, wenn der Preis aufgrund negativer Gesellschaftsmeldungen vom Samstag bei Eröffnung des Optionshandels am Montag bei Fr. –.50 gelegen wäre? Bei einer grösseren Bank wäre das Missverständnis anhand der Tonbandaufzeichnungen zu klären gewesen. Doch darüber verfügte die Bankfiliale nicht und so wäre der schriftlichen Bankabrechnung bloss die Behauptung von Herrn F. über die telefonische Auftragsbestätigung gegenüber gestanden. Er hätte das Nachsehen gehabt.

Ombudsadressen

Schweizerischer Bankenombudsman
Schweizergasse 21
8001 Zürich
Tel. 01/213 14 50
Tel. Auskünfte werktags von 08.30 bis 11.30 Uhr

Ombudsfrau der Privatversicherungen
Frau Dr. iur. Lily Nabholz
Kappelergasse 15
Postfach 4414
8022 Zürich
Tel. 01/211 30 90/91

Beobachter-Beratungszentrum Geld
Postfach
8021 Zürich
(kostenlose Auskunft für Abonnentinnen und Abonnenten:
Mo bis Fr: 09.00 bis 13.00 Uhr, Tel. 01/448 76 07)

Zum Schluss:
Goldene Tipps für Langzeitinvestoren

- Investieren Sie spätestens jetzt in Fonds.
- Sparen Sie regelmässig mit einem Fondssparplan.
- Vergleichen Sie die Fondsrenditen auf 3 bis 5 Jahre zurück.
- Legen Sie Ihr Risikoprofil und Ihren Anlegertyp fest.

- Legen Sie einen Anlagehorizont fest.
- Halten Sie Ihr Anlageziel ein.
- Überwinden Sie Ihre Scheu vor Aktien.
- Streuen Sie das Risiko breit.
- Prüfen Sie die Steuervorteile verschiedener Anlagen und nützen Sie diese aus.
- Legen Sie ab Erreichen des Pensionsalters Ihr Vermögen mit Schwergewicht auf Sicherheit an, das heisst: Beschränken Sie den Aktienanteil auf ungefähr 20 %.

Der schlaue Fuchs muss vieles beachten, prüfen, vergleichen und täglich dazu lernen. Sein Leben ist nicht einfach; er kann sich letztlich nur auf sich selbst verlassen. Ähnlich ergeht es dem Sparer und der Sparerin. Nur wer sich sorgfältig informiert und sich wenn nötig in Geduld übt, kann sich sicher durch die Vielfalt der Anlagemöglichkeiten bewegen oder Empfehlungen von Beratern kritisch beurteilen. Dazu sollen die Informationen in dieser Broschüre beitragen. Viel Spass und Erfolg beim Anlegen Ihres Geldes!

Anhang

Fondssparpläne im Vergleich

Der umfassende Vergleich der verschiedenen Fondssparpläne wurde von den Fondsspezialisten der BEVAG, Better Value AG, Zürich, durchgeführt.

	Kriterium	UBS	CS	Swissca	Raiffeisen-banken	Sarasin	Die Post
Anlagemöglichkeiten	**Möglicher In- und Desinvestitionsstil**	Regelmässige Einzahlungen (Aufbauplan)	Regelmässige Einzahlungen (Aufbauplan)	Regelmässige Einzahlungen (Aufbauplan)	Regelmässige Einzahlungen (Aufbauplan)	Regelmässige Einzahlungen (Aufbauplan)	Regelmässige Einzahlungen (Aufbauplan)
	Aufbau- und/oder Rückzugs- bzw. Entnahmeplan	Einmaleinlage Rückzugsplan		Rückzugsplan		Einmaleinlage	Einmaleinlage
	Anlagemedien	4 Strategiefonds oder annähernd freie Kombination von UBS-Fonds; jedoch maximal 10 verschiedene Fonds	Je 3 Portfoliofonds in CHF oder EUR; 2 Aktienfonds	6 Portfoliofonds und 4 Einzelfonds (Länder-, Regionen- oder Themenfonds)	3 Strategiefonds	14 Anlagefonds	5 Strategiefonds
Kosten	**Ausgabekommission**	Fondsabhängig (2 % pro Kauf für Strategiefonds bzw. 1 % für Jugendsegment)	2 % pro Kauf	2 % der Plansumme beim 5-Jahresplan; 1,75 % der Plansumme beim 10-Jahresplan	1,5 % pro Kauf	Fondsabhängig (max. 5 % pro Kauf, 3,5 % bei Obligationenfonds)	1 bis 1,5 % pro Kauf
	Rücknahmekommission	Keine	Keine	Keine	Keine	Keine	Keine

Weitere Anbieter mit ähnlichen Produkten ohne Auswertung:

- AIG Private Bank, Zürich
- Bank von Ernst, Bern
- Banque Générale de Luxembourg, Zürich
- Convest 21, Zürich (AIG Private Bank)
- Coop Bank, Basel
- DB Investment, Zürich
- Fraumünster Vorsorge-Beratung, Zürich
- Global Asset Management, Zürich (UBS)
- Luzerner Kantonalbank, Luzern
- Merrill Lynch Mercury, Zürich
- Migros Bank, Zürich
- RBA-Regionalbanken, Bern
- VZ VermögensZentrum, Zürich

Skandia	Fleming	Fidelity	JML	Profitline	Zürich	ZKB
Regelmässige Einzahlungen (Aufbauplan)	Regelmässige Einzahlungen (Aufbauplan)	Regelmässige Einzahlungen (Aufbauplan)	Regelmässige Einzahlungen (Aufbauplan)	Regelmässige Einzahlungen (Aufbauplan)	Regelmässige Einzahlungen (Aufbauplan)	Individuelle, regelmässige und optimierte Einzahlungen (Aufbauplan)[3]
Einmaleinlage	Einmaleinlage		Einmaleinlage	Einmaleinlage	Einmaleinlage	Einmaleinlage
	Rückzugsplan		Rückzugsplan[2]			Rückzugsplan
3 aktiv verwaltete Fonds-Portfolios oder freie Kombination von ca. 100 Anlagefonds gemäss Skandia-Handbuch[1]	Freie Kombination aller in der CH zugelassenen Fleming-Fonds gemäss Handbuch; jedoch maximal 5 verschiedene Fonds	Freie Kombination aller in der CH zugelassenen Fidelity-Fonds gemäss Handbuch	9 aktiv verwaltete Fonds-Portfolios (5 x CHF, 4 x EUR) oder freie Kombination von über 600 Anlagefonds[4]	15 Anlagefonds[5]	2 Strategiefonds[6] (Anlagesparplan mit 30 % Aktien, 70 % Obligationen; Aktiensparplan mit 100 % Aktien)	6 Anlagezielfonds (siehe Seite 52); 1 Anlagefonds Fremdwährungsobligationen
5 % (Einmaleinlage); 0,16 % der Plansumme pro Monat für die ersten drei Jahre (Aufbauplan)	1,0 bis 3,5 % (Einmaleinlage); 5 % der Plansumme; CHF 30 (Kontoeröffnung)	Aktienfonds: 5,25 % pro Kauf; Rentenfonds: 3,5 % pro Kauf	Max. 5 %[7] der Plansumme	Keine bis CHF 5000 Kontostand; darüber 1 %; ab CHF 100000 0,5 %	Keine	1 % auf Investitionssumme (einmalig); keine für Jugendliche bis 22 Jahren
Keine	0,5 %	Keine	Keine	Keine	1.– 2. Jahr: 1 %; 3.– 4. Jahr: 0,75 %; 5. Jahr: 0,50 %; ab 6. Jahr kostenlos	Keine

[1] Auswahl von folgenden Fondsanbietern: Julius Bär, UBS, Swissca, Lombard Odier, Fidelity, BEC, Fleming, Mercury, Pictet, Goldman Sachs, Schweizer Rück

[2] Nur für aktiv verwaltete Fonds-Portfolios möglich

[3] ZKB realisiert als erste Schweizer Bank eine reine Kontolösung, indem die monatliche Wertentwicklung des jeweiligen Anlagefonds mittels Kapitalkorrektur verbucht wird.

[4] Auswahl von folgenden Fondsanbietern: Credit Suisse, UBS, Bank Sarasin, Performa Fund, AIG, Schweizer Rück, Fidelity, Pioneer, Fleming, Dresdner Bank, Frankfurt-Trust, Zürich Investmentgesellschaft

[5] Auswahl von folgenden Fondsanbietern: DWS/Deutsche Bank, UBS, Swissca, Banque Pictet

[6] Es handelt sich um so genannte Funds of Funds, das heisst um Fonds, die in Anteile anderer Fonds investieren.

[7] Abstufung gemäss Konditionenliste JML

Kriterium	UBS	CS	Swissca	Raiffeisen-banken	Sarasin	Die Post
Fondsum-schichtungen	Keine Switchge-bühren, jedoch wird die fonds-abhängige Aus-gabekommission belastet	Keine Switchge-bühren inner-halb Portfolio-fonds; bei Wechsel in Akti-enfonds wird Ausgabekom-mission belastet	1 x jährlich gebührenfrei (weitere Umschichtungen CHF 36)	Fondsumschich-tungen sind nicht vorgesehen (Wechsel durch Auflösung und Neueröffnung des Fondssparplans → 1,5 % Ausgabe-kommission)	Keine Switchge-bühren	Keine Switchge-bühren, jedoch wird die fonds-abhängige Aus-gabekommission belastet
Jährliche Fondsverwal-tungsgebühr[8]	0,66 bis 2,16 % (im Preis eingerechnet)[9]	1,0 % Aktien-fonds; 1,2 % Portfolio-fonds (im Preis eingerechnet)	0,6 bis 1,0 % (im Preis einge-rechnet)	0,95 % (im Preis eingerechnet)	0,5 bis 1,5 % (im Preis eingerechnet)	0,78 bis 1,20 % (im Preis einge-rechnet)
Jährliche Administra-tions- und Depot-gebühr	0,14 % (des Depotendwerts)	Keine	0,3 % (des durchschnittlich investierten Kapi-tals; mindestens CHF 25)	0,1 % (des durchschnittlich investierten Kapi-tals; mindestens CHF 20)	0,3 % (degressiv bis 0,1 %) plus zusätzlich CHF 30	Keine
Belastung Verwaltungs- und Admi-nistrations-gebühr	Quartalsweise	–	Jährlich	Jährlich	Quartalsweise	–
Häufigkeit der Auszüge	Halbjährlich	Jährlich	Jährlich	Monatlich oder quartalsweise	Jährlich	Halbjährlich

Spaltenüberschrift links (vertikal): **Kosten** / **Häufigkeit Gebührenbelastung / Auszüge**

---

[8] Die Fondsverwaltungsgebühren variieren je nach Fondskategorie zum Teil sehr stark.

[9] All-in-Fee, welche sämtliche im Zusammenhang mit der Leitung und der Verwaltung des Fonds anfallenden Kosten enthält

74

Skandia	Fleming	Fidelity	JML	Profitline	Zürich	ZKB
5 x jährlich gebührenfrei (weitere Umschichtungen CHF 30)	3 x jährlich gebührenfrei (weitere Umschichtungen CHF 50)	Keine Switchgebühren, falls Wert der Anlage in den einzelnen Fonds mindestens CHF 4000	5 x jährlich gebührenfrei für nicht verwaltete Fonds; CHF 250 pro Fondsumschichtung für Fondsportfolios	1 x jährlich gebührenfrei (ab CHF 50 000 alle Fondsumschichtungen gebührenfrei)	Keine Switchgebühren	Normale Switchgebühren
Unterschiedlich je nach Fondsgesellschaft; zusätzlich 0,25 % (des durchschnittlich investierten Kapitals) für aktiv verwaltete Portfolios	0,75 bis 1,50 % (im Preis eingerechnet)	0,75 bis 1,50 %, (im Preis eingerechnet)	Unterschiedlich je nach Fondsgesellschaft; zusätzlich 1 % (des durchschnittlich investierten Kapitals) für aktiv verwaltete Portfolios	Unterschiedlich je nach Fondsgesellschaft	Ca. 1 % (im Preis eingerechnet)	0,7 bis 1,7 %
Max. 0,5 %[10] (des durchschnittlich investierten Kapitals; mindestens CHF 30)	0,5 % (des durchschnittlich investierten Kapitals; mindestens CHF 30)	Keine	Max. 0,5 %[11] (des durchschnittlich investierten Kapitals)	Keine	Ca. 0,6 % (Anlagesparplan) bzw. ca. 1,1 % (Aktiensparplan) (im Preis eingerechnet)	Keine[12]
Quartalsweise	Quartalsweise	–	Vierteljährlich	–	–	–
Halbjährlich (zusätzliche Auszüge CHF 10)	Jährlich (Aufbauplan); halbjährlich (Rückzugsplan)	Halbjährlich	Jährlich	Jährlich (zusätzliche Auszüge kostenlos)	Jährlich (zusätzliche Auszüge kostenlos)	Halbjährlich; mit Online-Banking monatlich

---

[10] Abstufung der jährlichen Administrationsgebühr gemäss Handbuch der Skandia

[11] Abstufung gemäss Konditionenliste JML

[12] Reine Kontolösung

Kriterium	UBS	CS	Swissca	Raiffeisen-banken	Sarasin	Die Post
Einzahlungs-rhythmus	Jederzeit	Monatlich, quartalsweise, halbjährlich, jährlich für regelmässige Zahlungen; jederzeit für weitere Einzahlungen	Monatlich	Monatlich, quartalsweise	Monatlich für regelmässige Zahlungen (nur mittels automatischem Bank- oder Posteinzug)	Monatlich (nur mittels Dauerauftrag)
Mindest-anlagebetrag (in jeweils möglichen Konto-währungen)	CHF, DEM, USD, EUR 500; für das Jugendsegment: CHF, DEM, USD, EUR 200	CHF 1000 oder Gegenwert in EUR (Ersteinlage); CHF 200 oder Gegenwert in EUR (pro Folgeeinlage)	3 Monatsraten (Ersteinlage); CHF 200 (pro Monatseinlage) oder 2 Quartalsraten (Ersteinlage); CHF 600 (pro Quartalseinlage)	CHF 100 (monatliche Zahlung) oder CHF 300 (quartalsweise Zahlung)	12 Monatsraten (Ersteinlage); Mindestmonatsraten: CHF, DEM, USD 200, ATS 1500 Mindestanlagebetrag pro Fonds: CHF, DEM, USD 100, ATS 750 CHF, DEM, USD 10 000, ATS 60 000 (Einmaleinlage) CHF, DEM, USD 5000, ATS 30 000 (Folgeeinlage)	CHF 250 (monatliche Zahlungen) CHF 2000 (Einmaleinlage)
Mindest-auszahlungs-betrag / Auszahlungs-rhythmus	CHF, DEM, USD, EUR 500 (jederzeit)	Keine Einschränkungen (jederzeit)	CHF 500 (monatlich, viertel-, halbjährlich, jährlich)	Keine Einschränkungen (jederzeit)	Keine Einschränkungen (jederzeit)	CHF 250 (jederzeit)
Minimale Laufzeit	Keine (80 % des Guthabens stehen jederzeit zur Verfügung, 100 % mit einem Tag Kündigung)	Keine	5 Jahre	Keine	5 Jahre	Keine
Maximale Laufzeit	Keine	Keine	10 Jahre	Keine	Keine	Keine

76

Skandia	Fleming	Fidelity	JML	Profitline	Zürich	ZKB
Monatlich (nur mittels LSV); Einmaleinlage via Post oder Bank	Monatlich für regelmässige Zahlungen; jederzeit für weitere Einzahlungen	Monatlich (nur mittels LSV)	Monatlich (in der Regel mittels LSV); jederzeit für weitere Einzahlungen	Jederzeit	Jederzeit (per Einzahlungsschein über ein bestehendes Post- oder Bankkonto)	Jederzeit; Einzahlung auch über Online-Banking[13]
CHF 200 (monatliche Zahlungen) CHF 10 000 (Einmaleinlage)	12 Monatsraten (Ersteinlage); CHF 200 (pro Folgeeinlage; CHF 100 pro Fonds) CHF 100 000 (Einmaleinlage) Für Kunden mit bestehendem Anlageplan: CHF 25 000	CHF 2500 (Ersteinlage); CHF 150 (pro Folgeeinlage und Fonds)	12 Monatsraten (Ersteinlage); CHF, EUR 200 (pro Folgeeinlage) CHF 10 000, EUR 5000 (Einmaleinlage) Mindestanlage pro Fonds-Portfolio: CHF 5000, EUR 2500	CHF 50	CHF 50	CHF 50
Keine Einschränkungen	CHF 500 (monatlich); CHF 1000 (quartalsweise)	Keine Einschränkungen (jederzeit)	CHF 500, EUR 300 (monatlich, quartalsweise, halbjährlich, jährlich)	CHF 50 (jederzeit)	CHF 50 (jederzeit)	CHF 50 (flexibel, individuell oder regelmässig monatlich)
5 Jahre bei regelmässigen Zahlungen; keine Einschränkung bei Einmaleinlage	5 Jahre	Keine	5 Jahre bei regelmässigen Zahlungen; keine Einschränkung bei Einmaleinlage	Keine	Keine[14]	Keine
25 Jahre bei regelmässigen Zahlungen; keine Einschränkung bei Einmaleinlage	20 Jahre	Keine	Keine	Keine	Keine	Keine

---

[13] Einziges Fondssparprodukt, das über sämtliche Vertriebskanäle der Bank (inkl. Internet) angeboten wird

[14] Es gilt jedoch die Rücknahmekommission zu beachten, die erst nach einer Laufzeit von 5 Jahren entfällt. Seitens der Zürich wird eine Mindestanlagedauer von 10 Jahren empfohlen.

Die offiziellen Fondsvermittler

Folgende Fondsleitungen, Vertreter ausländischer Anlagefonds und Vertriebsträger von Anlagefonds sind im Besitz der Bewilligung der eidgenössischen Bankenkommission (Quelle: EBK, Bern; Stand Juni 2000).

Name	Fonds-leitung	Vertreter	Vertriebs-träger
ABN Amro Bank (Schweiz), Zürich		X	
Adimosa AG, Zürich	X		
Afonds Vermögensberatung Dr. Thomas Otte, Düdingen			X
AG für Fondsverwaltung, Zug	X		
Agarici Florin GA der Winterthur Leben, Genève			X
AIG Fondsleitung (Schweiz) AG, Dübendorf	X		
AIG Privat Bank AG, Zürich		X	
AIT Advanced Investment Techniques SA, Genève			X
Allgemeine Allfinanz AG, Bern			X
Alternative Investment Partners, Zug		X	
American Express Bank (Switzerland) SA, Genève		X	
ANV Anlage- und neutrale Versicherungs-beratung GmbH, Uetikon am See			X
ARGOVIESION Bertram Som, Wohlen			X
Argoviesion AG für unabhängige Versicherungsanalysen + Finanzplanung, Baden			X
Artusi Rico, Thalwil-Gattikon			X
ASE-Vermögensverwaltung Pierre Schaub, Möhlin			X
ASN, Advisory Services Network AG, Zürich			X
Assiconsult SA, Lugano			X
Assidu SA, Les Enfers			X
Assimedia SA, Locarno			X
Auf der Maur Rolf Wirtschafts-Beratung + Treuhand-Dienste, Zug			X
AVA Concept AG, Oberwichtrach			X
AWD Allgemeiner Wirtschaftsdienst AG, Zug			X
B.B.M.'s Financial Planning GmbH, Bolligen			X
Banca Arner SA, Lugano		X	
Banca Commerciale Italiana (Suisse), Zürich		X	
Banca del Ceresio S.A., Lugano		X	
Banca del Gottardo, Lugano		X	
Banca Popolare di Sondrio (Suisse) SA, Lugano		X	

Name	Fonds-leitung	Vertreter	Vertriebs-träger
Bangerter Beat Generalagentur, Basel			X
Bank Adamas AG, Zürich		X	
Bank Hofmann AG, Zürich		X	
Bank J. Vontobel & Co AG, Zürich		X	
Bank Leu AG, Zürich		X	
Bank Leumi le-Israel (Suisse), Zürich		X	
Bank Morgan Stanley AG, Zürich		X	
Bank Sal. Oppenheim jr. & Cie (Schweiz) AG, Zürich		X	
Bank Sarasin & Cie. Bankiers, Basel		X	
Bank von Ernst & Cie AG, Bern		X	
Bankers Trust AG, Zürich		X	
Banque Amas (Suisse) SA, Genève		X	
Banque Bruxelles Lambert (Suisse) S.A., Genève		X	
Banque Cantonale de Genève, Genève		X	
Banque Cantonale Vaudoise, Lausanne		X	
Banque de Camondo (Suisse) SA, Genève		X	
Banque Edouard Constant SA, Genève		X	
Banque Générale du Luxembourg (Suisse) SA, Zürich		X	
Banque Multi Commerciale, Genève		X	
Banque Piguet & Cie SA, Yverdon-les-Bains		X	
Banque Privée Edmond de Rothschild SA, Genève		X	
Banque SCS Alliance SA, Genève		X	
Banque Syz & Co. SA, Genève		X	
Banque Worms (Genève) SA, Genève		X	
Barclays Bank (Suisse) SA, Genève		X	
Basler Kantonalbank, Basel		X	
Baur Bernhard Finanzberatungen, Bern			X
Bayerische Landesbank (Schweiz) AG, Zürich		X	
BEC Fund Administration SA, Genève	X		
Befina Management SA, Fribourg			X
Berchtold & Partner GmbH, Solothurn			X
Beretta Alessandro, Viganello			X
Beringer Consulting, Jona			X
Berninvest AG, Bern	X		
Beurret Dominique, Basel			X
BFW Treuhand AG, Zürich			X
BHF-Bank (Schweiz) AG, Zürich		X	
Binder Sigmund GA der Winterthur Leben, Aarau			X
Blattner & Partner, Basel			X

Name	Fonds-leitung	Vertreter	Vertriebs-träger
BNP Paribas (Suisse) SA, Genève		X	
Braun, von Wyss & Müller AG, Zürich		X	
BZ Berater Zentrum AG, Zürich			X
Büchel Hans-Rudolf GA der Winterthur Leben, Zürich			X
Bürdel Felix GA der Winterthur Leben, Freiburg			X
Bätscher Richard lic. oec. HSG GA der Winterthur Leben, Winterthur			X
C.I.M. Banque, Genève		X	
CAG Anlagefondsleitung, Basel	X		
Cantrade Privatbank AG, Zürich		X	
Cat Finance AG, Zürich			X
CEP Concept Economique Personnalisé, M. Claude, Borex			X
CEP Concept Economique Personnalisé, M. Robert Züst, Lutry			X
Centerseas Vermögensverwaltungs AG, Zürich		X	
Citibank (Switzerland), Zürich		X	
Clariden Bank, Zürich		X	
Commerzbank (Schweiz) AG, Zürich		X	
Consulting Partners Zürich AG, Zürich			X
Coutts Bank (Schweiz) AG, Zürich		X	
CPM Consulting & Private Management SA, Genève			X
Credit Suisse Asset Management Funds, Zürich	X	X	
Credit Suisse First Boston, Zürich		X	
Crédit Agricole Indosuez, Genève		X	
Crédit Lyonnais (Suisse) SA, Genève		X	
Dai-Ichi Kangyo Bank (Schweiz) AG, Zürich		X	
Darier Hentsch Fund Management SA, Genève	X		
DekaSwiss Privatbank AG, Zürich		X	
Deutsche Asset Management Schweiz, Zürich	X	X	
Deutsche Bank (Suisse) SA, Genève		X	
Dexia Privatbank (Schweiz), Zürich		X	
DG Bank (Schweiz) AG, Zürich		X	
Discount Bank and Trust Company, Genève		X	
Dr. Höller Vermögensberatung GmbH, Zürich		X	
Dr. Thomas Fischer & Partner, Baar			X
Dreier Martin Generalagentur, Schaffhausen			X
Dresdner Asset Management (Schweiz) AG, Zürich	X		
Dresdner Bank (Schweiz) AG, Zürich		X	

Name	Fonds-leitung	Vertreter	Vertriebs-träger
Dreyfus Söhne & Cie Aktiengesellschaft, Banquiers, Basel		X	
Duvoisin Roland GA der Winterthur Leben, Genève			X
E & S Finanzdienstleistungen AG, Bülach			X
ED & F Man Management AG, Pfäffikon		X	
EFG Bank European Financial Group, Genève		X	
EFG Private Bank SA, Zürich		X	
Ehrbar Marcel, Adliswil			X
Eurel AG, Luzern			X
eReSTe Allfinanz GmbH, Zug			X
Fane Finance SA, Genève			X
Fatzer Adrian, Horgen			X
Federer Maurice GA der Winterthur Leben, Lausanne			X
Ferrier, Lullin & Cie SA, Genève		X	
FG Finanz-Service Aktiengesellschaft, Heilbronn (D), Winterthur			X
FICON Finanz Consulting AG, Liestal			X
Ficon Stalder GmbH, Aarwangen			X
FinanzPlanungsCenter AG, Bern			X
Finfunds Management AG, Baar	X	X	
Finter Bank Zürich, Zürich		X	
Fisch Asset Management AG, Zürich			X
Fondcenter AG, Zürich			X
Fonds Gallery Christoph Jost, Birsfelden			X
Fortuna Investment AG, Adliswil	X		
Fortuna Versicherungsberatung und Service AG, Adliswil			X
Fraumünster Vorsorge-Beratung AG, Zürich			X
FTI - Banque Fiduciary Trust, Genève		X	
GAM Anlagefonds AG, Zürich	X	X	
Genevalor, Benbassat & Cie, Genève		X	
Geomac AG, Zürich			X
Gestivalor - Gestione Fondi SA, Genève	X		
Gérifonds SA, Lausanne	X		
GL Asset Management AG, Zürich			X
Glauser und Partner, Bern			X
Globinvest Asset Management AG, Wetzikon			X
Goldman Sachs & Co. Bank, Zürich		X	
Graf Willy Consulting, Teufen			X
Grether MacGeorge GmbH, Basel			X
Grünbaum Georges GA der Zürich Leben, Zürich			X

Name	Fonds-leitung	Vertreter	Vertriebs-träger
Günther Daniel-Henri GA der Winterthur Leben, Biel			X
Hans-Ulrich Werro AG GA der Winterthur Leben, Chur			X
Haussener J. Treuhand und Versicherung, Thalwil			X
Helaba Investment (Schweiz) AG, Zürich	X		
Hodel Vermögensverwaltungs-AG, Zürich			X
HSBC Bank Middle East, Genève		X	
HSBC Investment Bank plc, Genève		X	
HSBC Republic Bank (Suisse) SA, Genève		X	
Hummel Willi Dr. oec. GA der Winterthur Leben, St. Gallen			X
Hunziker Rudolf Wirtschaftsberatung, Uetikon am See			X
Huwiler Andreas K., Pfeffingen			X
Hübscher Alfred, Ennetbürgen			X
IAM Independent Asset Management SA, Genève			X
IBI Bank AG, Zürich		X	
ICN Financial Services AG, Bern			X
IMK Ivana Meyer-Kaluzova, Steinhausen			X
Imovag Immobilien Verwaltungs AG, Luzern	X		
Imrona Rosmarie Naef, Biel			X
ING Baring Private Bank (Schweiz), Zürich		X	
Inglin Georges GA der Winterthur Leben, Luzern			X
Investas AG, Bern			X
Investec Bank (Switzerland) AG, Zürich		X	
Investissements Fonciers SA, Lausanne	X		
Isis Versicherungs- und Finanzplanung GmbH, Aeugst am Albis			X
J. Henry Schroder Bank AG, Zürich		X	
J. P. Morgan (Suisse) SA, Genève		X	
Jeanjaquet Daniel GA der Winterthur Leben, Neuchâtel			X
Jefferies (Schweiz) AG, Zürich		X	
Jenzer und Partner Finanzberatung AG, Grosshöchstetten			X
JML Jürg M. Lattmann AG, Zug			X
Julius Baer Investmentfonds-Dienstleistung AG, Zürich	X	X	
Jung Rolf, Abtwil			X
Jyske Bank (Schweiz), Zürich		X	

Name	Fonds-leitung	Vertreter	Vertriebs-träger
Kammerbauer Martin GA der Winterthur Leben, Zug			X
Kolb Peter GA der Winterthur Leben, Bern			X
Krachpelz Jürg A. AG Assekuranz Beratungen, Gümligen			X
Kredietbank (Suisse) SA, Genève		X	
Kreis Consulting AG, Zürich		X	
Kübler Robert Finanzberatung, Greifensee			X
La Roche & Co. Banquiers, Basel		X	
Laim Othmar AG, Schwerzenbach			X
Leemann Peter GA der Winterthur Leben, Dübendorf			X
Legg Mason Fund Distributors SA, Nyon		X	
LGT Bank in Liechtenst. Aktiengesellschaft, Vaduz, Zürich		X	
Lieberherr Yves, Genolier			X
Liechtensteinische Landesbank (Schweiz) AG, Zürich		X	
Livebardon Jean-Yves Finanz- und Vorsorgeplanung, Zürich			X
LKB Expert Fondsleitung AG, Luzern	X		
Lloyds Fund Management Services S.A., St-Cergue	X		
Lloyds TSB Bank Plc, Londres, Genève		X	
Locher & Gerster AG, Erlenbach			X
Lombard Odier Fund Managers SA, Genève	X		
Lombard, Odier & Cie, Genève		X	
M. M. Warburg Bank (Schweiz) AG, Zürich		X	
Marcel Raymann AG, Amriswil			X
Marcuard Cook & Cie SA, Genève		X	
Mauerhofer Fritz GA der Winterthur Leben, Thun			X
Maurer Ernst GA der Winterthur Leben, Solothurn			X
Mercury Asset Management plc, London, Zürich		X	
Merrill Lynch Bank (Suisse) SA, Genève		X	
MicroGestion Sàrl, Genève			X
Milocchi Adriano GA der Winterthur Leben, Lugano			X
Mirabaud & Cie Banquiers, Genève		X	
MLBS Fund Management SA, Genève	X		
Morval & Cie SA, Banque, Genève		X	

Name	Fonds-leitung	Vertreter	Vertriebs-träger
Müller Heinz W.			
GA der Winterthur Leben, Zürich			X
Müller Wirtschaftsberatung, Schöftland			X
Nomura Bank (Schweiz) AG, Zürich		X	
Nordfinanz Bank Zürich, Zürich		X	
Novirenta GmbH, Rothrist			X
Novo Inform AG, Othmarsingen			X
Nydegger F. Anlage- und			
Vorsorgeplanung, Bremgarten			X
Oberhänsli & Partner AG, Thalwil			X
PBS Privat Bank Schweiz AG, Zürich		X	
Perez Alfonso, Genève			X
Performance Binkert & Adler, Aarau			X
Pi Investment AG, Zürich			X
Pictet Fund Management SA, Genève	X	X	
Pierre Moser Consulting, Bern			X
PKB Privatbank AG, Zürich		X	
Plusfinanz AG, Rheinfelden			X
PMG Fonds Management AG			
c/o ECOR Invest AG, Zürich	X	X	
Portner & Perroulaz Vermögensverwaltung, Bern			X
Prisma Finanz GmbH, Ittigen			X
Progestfonds SA, Genève	X		
Rabo Robeco Bank (Schweiz) AG, Zürich		X	
Rausis Jean-Charles			
GA der Winterthur Leben, Sion			X
REFINANZ E.+G. Rebsamen, Uster			X
Real Invest Gestion SA, Genève	X		
Regli Ulrich, Küsnacht			X
Reinhard Vorsorge-Treuhand, Koblenz			X
Revit AG Bern, Bern	X		
Richli Finanz-Consulting GmbH, Osterfingen			X
RMF Asset Management AG, Pfäffikon		X	
Robeco Bank (Suisse) SA, Genève		X	
Robeco Institutional Asset			
Management (Suisse) SA, Genève			X
Robeco Unigestion Fund Management SA,			
Genève		X	
Robert Fleming (Schweiz) AG, Zürich		X	
Rolf Simmen Consulting, Buonas			X
Roos Sepp Vers. und Anlageberatung,			
Adligenswil			X
Rothschild Fund Management AG, Zürich	X		

Name	Fonds-leitung	Vertreter	Vertriebs-träger
RPM GmbH, Bern			X
RSI Securities SA, Genève			X
Rüd, Blass & Cie AG Bankgeschäft, Zürich		X	
Salamin Justin GA der Winterthur Leben, Sierre			X
Samba Finance SA, Genève		X	
Sarasin Investmentfonds AG, Basel	X	X	
Sax Martin GA der Winterthur Leben, Basel			X
Schaffner Rudolf GA der Winterthur Leben, Liestal			X
Scheurer AG Finanzberatung, Basel			X
Schlagenhauf & Partner Portfolio Management AG, Zürich			X
Schmäh Erwin Finanzplaner, Affoltern am Albis			X
Schnider Urs Finanzberatung, Küsnacht			X
Schulthess Ulrich "Zürich" Leben, Aarau			X
Schweizer Rudolf GA der Winterthur Leben, Weinfelden			X
Schweizer Rück Fondsleitung AG, Zürich	X		
Schweizerische Gesellschaft für Kapitalanlagen SGK, Dübendorf	X		
Schäubli Ulrich GA der Zürich Vers.-Ges., Winterthur			X
Scudder, Stevens & Clarc Ltd c/o François Rayroux, Zürich			X
Scudder, Stevens & Clark Ltd., Zürich			X
Simoni Sandro, Manno			X
Skandia Leben AG, Zürich		X	
Skandia Service AG, Zürich			X
Société pour la gestion de placements collectifs GEP SA, Lausanne	X		
Sofid SA, Genève	X		
Sogefonds SA c/o Naef et Cie SA, Genève	X		
Sola Rudolf B. GA der Winterthur Leben, Winterthur			X
Solobroke AG, Solothurn			X
Solvalor SA, Lausanne	X		
Sotramar SA c/o Mme Maud Mocellin, Genève			X
Stein Eginhard, Au			X
Streit René GA der Winterthur Leben, Schaffhausen			X
Stäuble Treuhand & Investment GmbH, Sulz			X
Swissca Fondsleitung AG, Bern	X		

Name	Fonds-leitung	Vertreter	Vertriebs-träger
Synchrony SA, Genève	X		
The Chase Manhattan Private Bank (Switzerland), Genève		X	
The Industrial Bank of Japan (Schweiz) AG, Zürich		X	
Tinembart Philippe GA der Winterthur Leben, Renens			X
TREFINASS Consulting A, Oetwil am See			X
Trachsler Jakob, Kilchberg			X
Travex Consulting AG, Zürich			X
Treuhand- und Beratungsbüro Paul Barth, Oberarth			X
Trümpi Jakob GA der Winterthur Leben, Glarus			X
TVD Management AG, Thun			X
UBB Unabhängige Beratungs AG, Brugg			X
UBS Fund Management (Switzerland) AG, Basel	X	X	
UMC Urs Mayer Consulting, Zürich			X
Unigestion Asset Management, Genève			X
Unigestion Fund Management, Genève	X		
Union Bancaire Privée, UBP, Genève		X	
Union Investment (Schweiz) AG, Zürich	X	X	
Versicherungen Treuhand Villars Herrn Maurice Villars, Zumikon			X
Verwaltungsgesellschaft für Investment-Trusts (VIT), Zürich	X		
Vision Finanzberatung AG, Rothrist			X
Vock Bruno Finanz-+Vermögensplanung, Littau			X
Vomag Finanz AG, Baden			X
Von Ernst Fund Management AG, Bern	X		
Von Graffenried AG, Bern		X	
Vontobel Fonds Services AG, Zürich	X		
Wegelin Fondsleitung AG, St. Gallen	X		
Wert-Invest AG, Basel	X		
Winterthur Leben, Winterthur			X
Wittwer Financial Planning, St. Gallen			X
WM Capital Management AG, Zürich			X
Zaugg Werner, Merishausen			X
Zentralbank des Schweizer Verbandes der Raiffeisenbanken, St. Gallen		X	
Zysset Allfinanz, Rubigen			X
Zürich Invest Bank AG, Effretikon		X	

Auswahl Onlinehandel

Anbieter Schweiz	Mutterbank/Partner	Homepage
Consors Schweiz	SchmidtBank, Gruppe	www.consors.ch
Mi-Trade	Migrosbank	www.migrosbank.ch
Discount-Direct	Basler Kantonalbank	www.discountdirect.ch
E-Sider com	Banque Cantonale Vaud	www.e-sider.com
Swissquote Trade	Rüd, Blass & Cie	www.swissquote.com
SwissBrokers.com	Oxford Partners	www.swissbrokers.com
SoBaNet-Trade	Solothurn Bank (UBS)	www.soba.ch
ZKB-Onlinebank	Zürcher Kantonalbank	www.zkb.ch
Tradepac	UBS	www.tradepac.ch**
Youtrade	Credit Suisse	www.youtrade.com
Savis (nur per Tel.& Fax)	Privatbank v. Graffenried	www.savis.ch
BKB	Basler Kantonalbank	www.bkb.ch
AKB24H	Aargauische Kantonalbank	www.akb.ch
swissfirst	swissfirst Bank AG	www.swissfirst.net*
SwissNetBanking.com	MFC Merchant Bank S.A.	www.swissnetbanking.com

Anbieter Ausland	Mutterbank/Partner	Homepage
Charles Schwab	Broker	www.schwab.com
etrade.com	E*Trade Bank	www.etrade.com
eQ	eQ Securities Ltd. Helsinki	www.eQonline.de***

* *Blue Chips Handel auch abends von 17.30 bis 22.00 Uhr,
und samstags von 10.00 bis 12.00 Uhr.*

** *Handel auch von 17.15 bis 22.00 Uhr auf SMI-Aktien,
UBS-Warrants auf SMI-Titel, UBS-Warrants auf den SMI-Index
und börsenkotierte CHF-Obligationen*

*** *Optionsscheinhandel auf den XETRA etc.*

MEHR ZUM THEMA GELD ...

Der Internet-Finanzratgeber

Internet-Finanzratgeber
Diese Broschüre vermittelt das nötige Basiswissen über Geldanlagen und macht die Anleger mit den Möglichkeiten des Internets vertraut.

80 Seiten, Fr. 18.–

Gut vorgesorgt
Anhand praxisnaher Beispiele gibt dieser Ratgeber Antwort auf alle wichtigen Fragen zur AHV, Pensionskasse und privaten gebundenen Vorsorge.

248 Seiten, Fr. 32.80

Tu was für Dein Geld Spekuliere

Tu was für Dein Geld – spekuliere!
Spekulieren will gelernt sein! Denn fundiertes Wissen ist unentbehrlich, wenn man keine unbekannten Risiken eingehen will.

96 Seiten, Fr. 18.–

Aufbaukurs Internet
Der Leitfaden für besseres Surfen und gezieltes Finden von Informationen.

80 Seiten, Fr. 18.–

Erfolgreiche Vorsorge- und Vermögensplanung

Erfolgreiche Vorsorge- und Vermögensplanung
Kompetente Auskunft auf grundlegende Fragen der Altersvorsorge und des Vermögensaufbaus.

72 Seiten, Fr. 19.80

Internet-Banking
Der sichere Einstieg ins Internet-Banking. Aufgezeigt werden die Vorteile von Zahlungen per Internet, aber auch die heutigen Risiken.

56 Seiten, Fr. 18.–

Gut beraten!

Preise Sept. 2000, Änderungen vorbehalten